蒼之炎

羽生結弦

84

いつも たくさんの ご声援，
本当 にありがとうございます!!
僕が精一杯演技する姿を見て．
少しでも前を向いていく勇気に
なればと願っています!!
羽生 結弦

非常感謝大家一直為我加油！
希望大家看到我全心投入表演的模樣，
能夠鼓起一點勇氣繼續前進！

羽生結弦

日文版《蒼之炎》版稅全數捐給Ice Rink Sendai——羽生結弦

84
VICTORINOX

TORNOX

84
VICTORIN

ARMANI
FOR
JAPAN

LOTTE
MIZUNO
ニチレイ
KOSÉ

PRIX of
2011/201
Canada

LOTTE
MIZUNO

蒼之炎

Contents

※「蒼い炎」，意指燃燒完全的青藍色火焰。

Scene 0

首次出戰世界錦標賽

二〇一一年十二月，在大阪舉行花式滑冰全日本錦標賽。

十七歲的羽生結弦，短曲出師不利，暫居第四；長曲扭轉頹勢，力壓王牌選手高橋大輔與小塚崇彥等人，排名第一。綜合成績排名第三，首次取得世界錦標賽參賽資格。

十七歲又三個月——這是繼一九九八年本田武史以來，時隔十四年再有如此年輕的日本男子選手出戰世界錦標賽。更何況那時日本的男子選手有兩位世界錦標賽的獎牌得主、三位大獎賽總決賽的獎牌得主，能跳四周跳的選手也多達七至八人，堪稱男子單人滑世界第一強國。而這位能在群雄割據之中，贏得世界錦標賽僅有三個的名額之一的人，才念高中二年級。他就是在那一年的三月遭遇東日本大地震，並在休賽季期間失去練習冰場的羽生結弦。此事頓時引發熱烈討論。

「取得世界錦標賽參賽資格，是我在本賽季的首要目標，也費盡千辛萬苦實現了……現在很有成就感。不過我不是志在參加而已，要以獲獎（註1）為目標，盡最大的努力迎戰世界錦標賽。

我是第一次參加這場賽事，可能會被現場氣氛或其他各種情況嚇倒。不過，我今年也打進全世界只有六人能夠出賽的大獎賽總決賽（註2）。我相信打進大獎賽總決賽所帶來的自信，還有賽季前半段幾場比賽中良好發揮所留下來的經驗，接下來也會全力備戰，希望能在世界錦標賽上再次展現精彩演出。

這一年對我們來說十分難忘……因為是發生大地震的一年。我們花滑選手也少了幾個可以使用的訓練冰場，賽季剛開始時非常艱辛。但是，多虧所有人的支持，我才能有這樣的表現。雖然以東北地區為主的災區依然傷痕累累……今後我會全心全意，為大家展現更精彩的表演。」

註1：意指打進前八名。前三名頒發獎牌及獎狀，第四名至第八名頒發獎狀。

註2：Grand Prix of Figure Skating Final。目前國際滑冰聯盟花式滑冰大獎賽系列賽有六個分站。六個分站賽中積分最高的各單項前六名選手可參加總決賽。

Scene 1

與花式滑冰結緣

不僅在日本，在全世界同樣備受矚目的花式滑冰選手——羽生結弦，是在一九九九年與花式滑冰結緣。那一年春天，年僅四歲的他，成天跟在大四歲的姊姊身後。

「一開始是姊姊參加滑冰的短期課程。過不久，姊姊進了滑冰學校學習，我也跟著一起去。那就是我開始練滑冰的契機。

小時候的回憶啊……我戴著頭盔滑冰，腦袋在冰上撞了好幾次！一直摔個不停，好痛啊。當時的教練非常嚴格，我每天都被趕出冰場呢。為什麼？好像是我只顧練自己的，沒有認真聽教練的話吧（笑）。

那時候，我雖然討厭練習，但是非常喜歡有很多觀眾來看的比賽。我自己的曲目也記

2004年10月，9歲。
首次參加全日本少年錦標賽即獲得B組(※)冠軍。
(拍攝/中村康一)

※A 組為 11 歲以上 12 歲以下，B 組為 9 歲以上 10 歲以下。

1999年，4歲。
剛開始學滑冰時。

2000年，5歲時。
P25照片（包括以下兩張）
皆由羽生家提供。

2004年12月 參加芬蘭坦佩雷聖誕老人杯(6th Tampere Santa Claus Figure Skating Competition)獲得少年A組冠軍。

得一清二楚。第一次編排的曲目，是我拜託教練的，『請幫我編一首《超人力霸王（Ultraman）》！』（笑）。我超喜歡啊，《超人力霸王蓋亞》！你知道超人力霸王和超人力霸王對戰過嗎？蓋亞的外型也不像以前的超人力霸王一樣以銀色為主。媽媽替我做了紅藍搭配、仿超人力霸王的服裝，胸前也縫了一塊紅布。那套服裝我還記得很清楚，可是《超人力霸王》的動作已經忘光了。

不過，接下來的曲目，我全都記得。第二首曲目是《康城賽馬（Camptown Race）》！因為我用這首曲目，第一次在比賽中拿到金牌。那年我六歲，參加千葉的新松戶冰場舉辦的大榮杯。我參加這場獲得冠軍的比賽時，正好缺了門牙。可是教練說：『要笑啊！』我只好擠出笑容。現在再看這段影片真的超好笑！用一張缺牙的臉，努力擠出笑容滑著；滑到曲目的最後，我還維持結束動作數著『一、二、三』。因為教練說：『結束動作一定要堅持三秒鐘。』

我在那個時候就很喜歡普魯申科（Evgeni Plushenko）。他不是常常在頒獎台上高舉獎杯向觀眾致意嗎？我一直很想做這個動作。所以一站上頒獎台，明明穿著很孩子氣的運動服，我照樣高高舉起贏得的獎杯給現場觀眾看。完全把自己當成普魯申科了。更好笑的是，我笑起來沒門牙！太令人發笑！

我就是這麼喜歡引人注目的比賽，也很喜歡穿著比賽服。不過有一段時期……大概是小學二、三年級的時候吧。比賽倒是還好，可是我非常非常討厭練習，成天嚷著『我想打棒球』。我本來就很喜歡棒球。因為爸爸以前打過棒球，從小就跟他玩了許多球類遊戲，所以比起滑冰，其實我更想打棒球。以前真的曾想過當一名職棒選手。

有一段時期我真的很討厭練滑冰，覺得很辛苦，好幾次都練習到快哭出來了。每天放學就背著書包直接去冰場訓練，星期六、日也有晨練。升上小學三年級後，當時教我的都築章一郎教練，也開始在團體課程之前，從下午三點起對我一對一訓練。因為他說：『明年必須要參加少年組的比賽了。』真的每天都這樣……我那時候沒那麼認真看待滑冰，還抱著馬馬虎虎的心態，訓練過程卻愈來愈辛苦。放學後，朋友全都在玩耍啊，只有我一個人要去練滑冰……我真的好想逃跑。幼稚園時期很崇拜的職業滑冰運動員還有奧運金牌什麼的，我已經不在乎了。

我心裡想著：『不想再練滑冰了。』於是開口跟父母說：『我想打棒球。』……結果他們輕描淡寫地回答：『那就不練了吧？』還對我說：『打棒球比較不花錢啊！』我記得很清楚，那時候雖然年紀還小，可是很認真思考這個問題。不過，想了又想，『我還是繼續練滑冰吧？』起初是因為喜歡才開始學滑冰，但是『快樂的事』漸漸成了『普通的事』。我也開始思考：『我為什麼要練滑冰呢？』我想到的答案是：『我不想就這樣認輸！』都拚到這地步了，怎麼可以放棄？現在想想，那時候才剛練滑冰沒幾年。雖然期間很短，但是已經有『我都堅持到現在了！』的想法。重新考慮之後，我決定不打棒球，而是再堅持一下繼續練滑冰……然後在小學四年級時，第一次參加全日本少年錦標賽就拿到金牌！

剛拿下金牌沒多久，正是我練滑冰的第六年。但就在這個時候，平時訓練的冰場卻倒閉了（仙台市的Konami Sports Club泉，後來的Ice Rink仙台）。我們突然失去訓練場地，要繼續練滑冰的話，只能另外去比以前更遙遠的冰場。練習時間跟以前相比，一下子少了許多。不但很難排到包場時間，也沒辦法常常播放自己的曲目。好不容易拿到全日本少年錦標賽冠軍，我的實力在那之後卻完全沒有提升。那段日子真的很難熬啊……同一個俱樂部裡的選手，有的人就因為這樣放棄了。差不多有三個男生退出吧。所以，宮城縣裡跟我同個時期的選手非常少，我也從來沒參加過國體（註3）。因為『少年男子』組別只有我一個，根本組不了宮城隊啊！

就是在那個時候，我開始珍惜原本討厭得不得了的訓練。到最後，我不只喜歡比賽，也漸漸喜歡上練習。沒有練習的時候，會覺得很不踏實；終於能練習的時候，就會非常開心，滑得比以前更加拚命。當初還有自己的冰場時，我總是偷懶啊。因為有大把時間可以練習，設備也十分完善。直到自己沒辦法盡情滑了，才發覺滑冰時真的很快樂……認真想想，就是在那個時候，我總算想清楚了，發現自己還是不能沒有滑冰。」

二○○四年十二月，訓練基地因為經營困難而倒閉。當時小學四年級的羽生結弦，才剛剛獲得全日本少年錦標賽冠軍（B組）。失去訓練冰場後，他在全日本的成績分別是二〇〇五年第二名（少年B組）、二〇〇六年第三名（少年A組）。落居對手日野龍樹與田中刑事之下。這是小小年紀的羽生結弦最艱辛的時期。

然而，二〇〇七年三月，受到都靈冬季奧運會的盛況影響，訓練基地時隔兩年三個月重新開幕。羽生結弦自此如魚得水般地勤加練習，學會了所有種類的三周跳，並在那一年的全日本少年錦標賽中一舉拿下睽違三年的冠軍（A組），同年以特別出場的身分參加全日本青年錦標賽也獲得第三名，「羽生結弦」這個名字頓時聲名大噪。因為這是繼二〇〇〇年的安藤美姬之後，時隔七年再次出現就讀國中一年級的少年組選手，站上全日本青年組的頒獎台，創下男子選手史上首次的紀錄。

註3：指國民體育大會冬季大會的花式滑冰項目。

2005年，10歲。這段時期由於訓練基地倒閉，訓練得十分辛苦（P30與P31下方照片／中村康一）。

2006年，11歲。展露荒川靜香在都靈冬季奧運會的招牌動作「Ina Bauer」。

2006年，小學6年級。獲得全日本青年錦標賽(※)第7名。羽生家提供。

※ 參賽選手 13 歲以上至 19 歲。

2007年，國中1年級。獲得全日本青年錦標賽第3名。

Scene 2

十五歲的青年組冠軍

早已是「廣為冰迷熟知」的羽生結弦，兩個賽季後，一躍成了家喻戶曉的人物。

溫哥華冬季奧運會餘熱未消，二〇一〇年三月，羽生結弦與村上佳菜子聯袂獲得世界青年錦標賽男女冠軍，彷彿昭告世人：「繼奧運獎牌得主高橋大輔及淺田真央之後，就看我們了！」花式滑冰黃金年代仍在持續。新生代中堅選手，正式參戰。

（出自二〇一〇年三月的訪談。）

「贏得世界青年錦標賽冠軍，我真的很高興！但是最開心的是在最重要的比賽上，發揮了賽季以來的最佳表現。更何況，我還在長曲裡加了兩個3A（註4）。Axel是我最喜歡的跳躍。我靠這種跳躍加了不少分，也獲得國際比賽的肯定，它已經成為我的武器！3A練了這麼久，能夠練到這種程度，我真的覺得很欣慰。我能跳成Axel，是因為這次一起出賽的亞瑟・卡欽斯基選手（Artur Gachinski，俄羅斯，第三名）和丹尼斯・譚選手（Denis Ten，哈薩克，第九名），他們跟我只差一歲，卻早就跳出Axel。我看到他們，不禁想：『世界上還有這麼厲害的選手啊！』因為有他們兩個，我才努力練成了Axel。真的覺得他們是很棒的競爭對手。

所以說，世界青年錦標賽……說真的，無論哪位選手站上頒獎台最高處都不奇怪。丹尼斯・譚選手如果沒有失誤，我可能就贏不了……不過，我能在這樣的情況下獲勝，大概是因為去年的世界青年錦標賽（二〇〇九年初次參加）只落得第十二名，所以『今年一定要雪恥』的心情十分強烈。我是唯一的日本代表選手，當然一定有壓力，但我還是零失誤地完成表演，連最難的3A也漂亮完成了。壓力同樣會消耗體力，而我撐著滑到了最後。我覺得今年在各方面真的成長不少。

我能有這樣的成績，全是阿部奈奈美教練的功勞，自從仙台冰場關閉後，她一直很照顧我。教練總是很認真為我著想，在跳躍方面，奈奈美教練的教法非常適合我，所以我有把她的建議聽進去。比賽的時候，好幾次都是聽了奈奈美教練的話而能放輕鬆。非常緊張的時候，教練會對我說：『緊張也沒用吧，都走到這一步了啊！』教練平時會給我許多建議，唯獨上場前一刻不一樣。她只對我說：『我沒有什麼要提醒你的，只需注意把背挺直，加油。』我只要把背挺直，就能跳出Axel，其他種類

2007年全日本青年錦標賽獲得第3名，參與得獎者冰演秀(Medalist on Ice)。

2007年全日本青年錦標賽。
短曲《Sing Sing Sing》。

的跳躍也幾乎都能漂亮完成……以前就是這樣。我非常信任奈奈美教練，我們在一起訓練了很久，這次也是滑了教練替我編的曲目，才能在世界青年錦標賽上獲得冠軍。

獲得世界青年錦標賽冠軍，這是延續了奧運代表選手（高橋大輔、小塚崇彥、織田信成）的傳統呢。覺得自己總算看到一點希望，將來也有機會出戰奧運會吧。想到自己能夠拚到這一步，真的很開心。

不過，我看了高橋大輔選手在世界錦標賽（二〇一〇年都靈世界錦標賽）的表現，好厲害！真的只能用『好厲害』形容。雖然史上首次的4F（註5）挑戰失敗有點可惜，但他一點也沒有被失誤影響。他讓我看到了怎麼樣才能拿到高分，實在厲害……不只高橋選手，小塚選手與織田選手也都帶動了日本的男子花式滑冰，真的很感謝他們。我希望自己也能延續他們的成就，成為比他們更厲害的選手。」

羽生結弦年僅十五歲即贏得世界青年錦標賽冠軍。當時日本男子花式滑冰界人才輩出，已出了三位世界青年錦標賽冠軍，但是高橋大輔（二〇〇二年）、織田信成（二〇〇五年）、小塚崇彥（二〇〇六年）都是在高中時期獲此殊榮。羽生結弦是日本男子史上首位稱霸世界青年錦標賽的國中生。他當然不是一路順遂，就在前年，他也嘗到第一次出戰世界青年錦標賽落得第十二名的辛酸。然而，才剛升上青年組短短一年，他就在一個曲目裡跳了兩

2007年全日本青年錦標賽。長曲《火鳥（L'Oiseau de feu）》。

同場賽事。以少年組選手的身分跨級參加，一舉獲得第3名。

次3A，擁有挑戰青年組最高難度跳躍的頂尖技術，實至名歸地拿下冠軍寶座。

跳躍依然是男子單人賽事的重要關鍵。練成五種三周跳之後，再次揚眉吐氣成為全日本少年錦標賽冠軍（國中一年級）；升上青年組的同時，練就3A（國中二年級）；長曲中以兩次3A稱霸世界青年錦標賽（國中三年級）——接下來的課題，便是四周跳。升上成人組（註6）的同時，羽生結弦也得硬著頭皮面對巨大挑戰。

（出自二〇一〇年賽季前的訪談。）

「我自己也覺得：『男子選手就是要有四周跳才厲害！』不過，看了溫哥華冬季奧運會，我倒是能接受那樣的結果。伊凡（Evan Lysacek）雖然沒有跳四周跳，但是其他跳躍幾乎都有獲得加分，他跟我不一樣，連Flip跳躍都能標準地用內刃起跳。還有，就這場比賽而言，我覺得伊凡的表演還是比較動人，以沒有四周跳的曲目來說，各方面完成得非常好。至於普魯申科選手，他接連幾個跳躍都有點不穩，跳出來的四周跳也是不容易加分的水準……所以，他雖然挑戰了四周跳，評分卻沒有預期來得高，這一點我能理解。溫哥華的比賽結果，或許可以說明跳四周跳不見得會獲得裁判好評。

但是，索契冬季奧運會時肯定不一樣。如果不能跳出四周跳，再加上伊凡那樣的表演，絕對不可能贏！關於這一點，我看了目前日本成人組頂尖選手之後，依然這麼認為。高橋選手、織田選手、小塚選手，以及無良崇人選手、町田樹選手，他們各個都在跳四周跳。跟大家一起練習時，我的四周跳狀況也會變好喔。春天參加Stars on Ice冰演秀時，我就是跟著三位奧運選手一起練習，結果跳出了四周跳。秋天的日本公開賽（註7）也是一樣，我看了高橋選手與小塚選手的四周跳，腦海裡頓時有了穩健落冰的畫面，我的四周跳成功率在那之後就提高不少。

我也想在索契之前徹底掌握四周跳，還希望自己能成為跳躍水準足以加分、除了四周跳以外的其他部分也能受到裁判肯定的選手。面對巨大挑戰的同時，我也要修正目前做不好的部分，升上成人組後繼續努力。」

註4：Triple Axel Jump，簡稱3A。Axel Jump華語圈或音譯成「阿克塞爾跳」，本文採用國際間通用的英語名稱及簡稱。花式滑冰有六種標準跳躍，難度由低至高依序為Toeloop Jump（T）、Salchow Jump（S）、Loop Jump（Lo）、Flip Jump(F)、Lutz Jump(Lz)、Axel Jump(A)。Axel Jump既是花式滑冰六種跳躍中難度最高的跳躍，也是唯一向前起跳、向後落冰的跳躍動作。由於起跳與落冰方向不同，Axel Jump的空中轉體會比其它種類的跳躍多半周。

註5：Quadruple Flip Jump，簡稱4F。Flip Jump華語圈或譯為「後內點冰跳」、「菲利普跳」。慣用逆時針旋轉的運動員跳Flip Jump時，用左足後內刃起跳，同時用右足刀齒點冰，旋轉三百六十度後，用右足後外刃落冰，左足不接觸冰面並向後滑行。採順時針旋轉的運動員則與上述相反。

註6：國際滑冰聯盟規定成人組的最低參賽年齡為十五歲。

註7：Japan Open，日本滑冰聯盟及東京電視台主辦的國際比賽。由退役的職業選手與現役的業餘選手混合組成日本隊、北美隊、歐洲隊，以團體形式互相競爭。比賽項目只比長曲，不比短曲，但是分數不被國際滑冰聯盟承認。

Scene 3

挑戰成人組

二〇一〇年秋天。高中一年級的羽生結弦，踏上了成人組的第一步。以男子選手來說，不少人念到大學一年級、即將達年齡上限都還留在青年組，才高中一年級就參戰成人組可說是十分罕見。這是近幾年來，繼國中三年級出戰世界錦標賽（一九九六年）的本田武史以來，最早慧的成人組出道選手。

雖說３Ａ已駕輕就熟，但也沒辦法立刻在成人組中嘗到甜頭。羽生結弦在首次出戰大獎賽系列賽的ＮＨＫ杯（註８），一舉跳成剛學會的四周跳，最終獲得第四名，距離頒獎台僅一步之遙。但是在第二戰的俄羅斯杯，他在冰迷的高度期待下落到第七名。最不甘心的是在ＮＨＫ杯上挑戰成功的４Ｔ（註９）跳空成了３Ｔ，再加上違反規定重複了三周跳，導致後半段的組合跳躍不計分，敗給青年組時期視為勁敵的俄羅斯選手亞瑟・卡欽斯基。

2008年8月，國中2年級。
在Ice Rink仙台接受訪問
(4張照片皆是)。

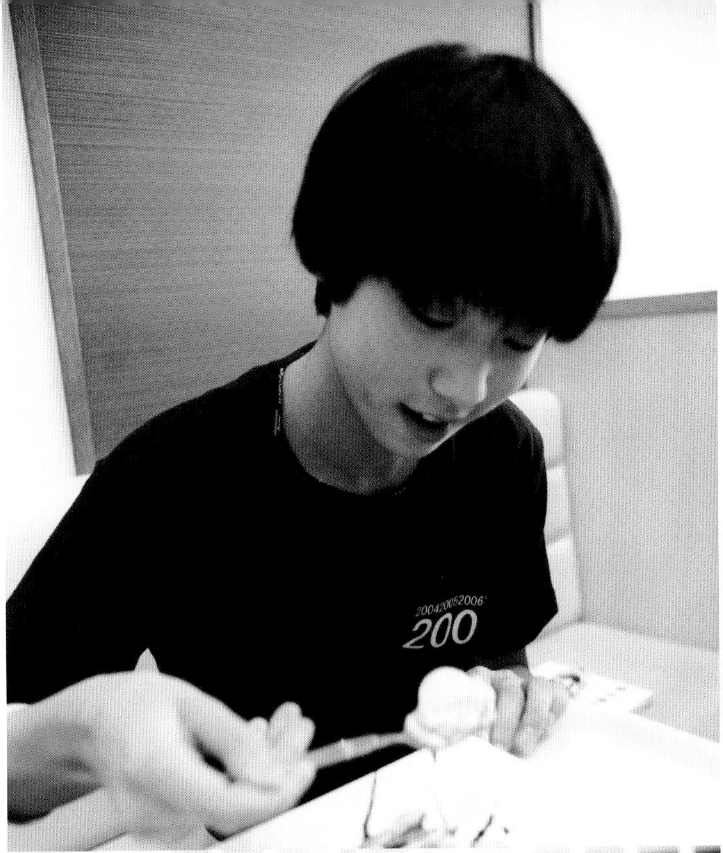
200

2008

（出自二〇一〇年十一月俄羅斯杯賽後訪談。）

「啊～我好不甘心，超不甘心的！我想練習！我想滑冰！我想練跳躍！我想拚老命去滑長曲！不看表演滑（註10）也無所謂，只想早一點回日本，立刻去練習！

首次出賽的成人組大獎賽NHK杯（十月下旬）結束後，我稍微感到安心了吧。在東日本錦標賽（十一月上旬）也加入四周跳，發揮了零失誤的出色表現，讓我產生莫大自信。經歷過NHK杯，我再次確認自己有所成長。

可是！俄羅斯這場比賽，真的讓我很沮喪……感覺世界青年錦標賽冠軍根本不算什麼。不對，我已經不是青年組了啊！我在NHK杯上已經深刻體會到這一點。我明白如果還抱著青年組的心態，根本沒辦法在成人組的比賽中拚搏，但是多少還是有一點以為自己仍待在青年組的天真想法。

這回比賽讓我再次認知到這一點。我真的必須在成人組奮戰了……最不甘心的是敗給了卡欽斯基選手！青年組金牌竟然輸給青年組銅牌。啊，一想到這個就非常氣自己！愈想愈懊惱！想到自己表現得這麼差，就非常想去練習！

還有，這次有不少高手齊聚一堂。我可能是在公開練習時有點太在意周遭的選手了。像是陳偉群選手（Patrick Chan）的滑行、托馬斯・維內爾選手（Tomáš Verner）的表現能力……尤其是號稱滑行技巧世界第一的陳選手！這是我第一次和他一同比賽，真的覺得他好厲害啊。他的刀刃傾斜成那樣竟然還滑得出來！真令人驚訝。我以前一直以為刀刃傾斜度愈大，不就愈容易陷進冰面嗎？可是，陳選手顛覆了我的印象。我一直盯著他的滑行，結果忍不住在比賽後半段的公開練習上模仿了一下。啊，原來如此，這樣做就可能滑得出來……我觀察著、感受著他的滑行，結果愈滑愈有意思，最後只顧練習滑行。但是模仿之後，我也有些領悟。例如這種滑行方式，如果只靠傾斜刀刃，只要有體力任何人都做得到，因為有了力量就能蹬冰加速。不過，陳偉群不是只在練習時才做到這項技巧，還能應用在比賽曲目裡，這就是他的厲害之處。所以他的分數才會那麼高。

這次讓我明白了這些……雖然我太在意周遭選手，但是換來非常大的收穫！不過，我也許是太貪心，什麼都想要吧？明明在比賽，卻沒有專心迎戰，反而只顧觀察學習周遭的選手。明明是自己的比賽，卻沒能全力以赴，這一點還是讓我非常懊惱。」

他絕不會白白浪費這次的悔恨教訓，以及從海外強敵身上學到的一切。一個月後，他首次以成人組選手的身分挑戰二〇一〇年全日本錦標賽，短曲排名第二。不僅對男子三強構成威脅，還讓王牌選手高橋大輔在長曲中使盡全力，讓我們見識到羽生結弦的本事。

他接著在隔年二〇一一年二月首次出戰成人組的四大洲錦標賽（註11），再次成功跳出

2008年8月，青年組選手在中京大學強化集訓的一幕（3張照片皆是）。

四周跳，力壓二〇一〇年全美錦標賽冠軍傑瑞米・艾柏特（Jeremy Abbott）及二〇一〇年全日本錦標賽冠軍小塚崇彥，獲得銀牌，與高橋大輔並肩站上頒獎台。這也是他第一次贏得成人組的國際大賽獎牌。

「成人組第一年的全日本錦標賽……那時候，我最興奮的是短曲排名第二。畢竟我在前一年的全日本錦標賽上，還是短曲排名第十三的選手嘛！

結果這次一下子進步到第二名，我已經興奮到完全不記得接下來還要比長曲。不過，第一次進到成人組的長曲最後一組，上場前的氣氛果然跟其他組別不太一樣。

大家都很沉默，誰也不說話。阿大（高橋大輔）全程由防護員陪同熱身，小崇（小塚崇彥）也一如往常，一個人集中精神。我就照我的方式，因為上次在NHK杯熱身時沒有跟其他人說話，感覺這樣的效果還不錯，所以我把它當成一種迷信，一直一個人聽音樂。集結在最後一組的六個人，年齡各不相同。最大的是阿大（當時二十四歲）與信成（二十三歲），接著是小一點的小崇（二十一歲）、町田（二十歲）、無良（十九歲），再加上年紀小很多的我（十六歲）。以上就是最後一組的成員。

當選手開始上場熱身六分鐘時，替阿大助陣的聲勢非常浩大，我還記得自己當時心想：『我才不會輸咧！』（笑）。我跟阿大因為年紀相差較多，在此之前沒什麼機會交談。

不過，自從今年一起出賽NHK杯，他就比較常跟我說話了，像是聊聊滑冰或其他選手。雖然只是一般閒話家常，但我也慢慢能加進來一起聊了。也許是稍微認可我這個後輩了吧（笑）。

可是今年的全日本錦標賽，我的長曲最後還是被阿大與信成逆轉，排名第四。我本來鼓足了勁要跳四周跳，結果用力過猛，沒有拿捏好跳躍的時機……跟賽季初期相比，我的滑行與旋轉都加強許多，明明可以表現得好一點，但是跳躍失敗讓我很懊惱。沒能在全日本錦標賽發揮自己的本事，也沒辦法在這場重要比賽中回應觀衆的聲援，對我來說，實在是一場非常不甘心的比賽……

不過，我後來在四大洲錦標賽獲得第二名──哇，真的超驚訝！短曲排名第三已經夠驚訝了，總成績竟然排名第二，總覺得很惶恐啊（笑）。小塚選手雖然在這場比賽排名第四，但這不是他在本賽季的最後一場比賽。我在賽前聽說，他是為了備戰世界錦標賽才參加四大洲錦標賽調整狀態。至於去不了世界錦標賽的我，四大洲錦標賽就是本賽季的最後一場賽事，必須全力應戰才行。所以，我們的情況完全不同。我能拿到第二名，也是因為大家都出現失誤的關係。因此，比起四大洲錦標賽的獲獎名次，這次在長曲裡加了四周跳與兩次3A這件事，讓我更有自信面對下個賽季。那天的四周跳……從起跳到落冰，感覺好漫長啊！能在賽季最終戰成功落冰，真是太好了……感覺就是：『好感動！』

2008年，國中2年級。首次出戰
全日本錦標賽。短曲《紅磨坊
(Moulin Rouge!)》。

2008年全日本錦標賽。長曲《帕格尼尼主題狂想曲(Rapsodiya na temu Paganini)》。

雖然獲得銀牌，但我也知道自己還差得遠。最重要的是奈奈美教練替我編排的魔鬼曲目《流浪者之歌（Zigeunerweisen）》。直到去年為止，我還在青年組練四分鐘的長曲，其中會安排一點停頓，也就是所謂的『休息空檔』。可是今年升上成人組，長曲時間比青年組多了三十秒，卻完全沒有休息的空檔！整整四分半的時間，我不得不拚盡全力去滑，教練又在後半段加了速度非常快的動作，真的很魔鬼啊（笑）。我本來想用一年時間滑這首高難度長曲，希望在賽季尾聲成功滑完。不過，加入四周跳還要完美滑到最後真的很吃力。到頭來，我還是沒辦法完成《流浪者之歌》……想要更上一層樓的話，最要緊的課題是體力。今年休賽季，我一定要全力強化跑步、強化滑行。一首曲目或許沒有所謂的『完成版』，但是如果還有機會在冰演秀上滑《流浪者之歌》，我希望能展現更好的表演。

話說回來，在四大洲錦標賽上獲得第二名，我對這個成績也很自豪。賽季初期的大獎賽系列賽中，我只顧觀察周遭的選手，把學習技術看得比個人比賽還重要。可是在四大洲錦標賽上，我再也不會分神關注周遭情況，我認為自己在那場比賽發揮了至今所學到的一切。回顧這一年，俄羅斯杯的反省之處已在全日本錦標賽上改正過來；NHK杯上因為成功跳出來而掌握要領的四周跳，再次在四大洲錦標賽上穩穩落冰。從這一點來看，這一年可說是克服種種難題之餘也有所斬獲的美好一年。最重要的是能在賽季最後一場比賽有良好的表現，而且是國際級的錦標賽。今後我也會一直引以為傲。」

羽生結弦度過了絕不輕鬆的成人組第一年戰役。雖然無緣獲得世界錦標賽的參賽資格，不少人依然看好他將在下個賽季大有所為。二〇一一年二月，羽生結弦的成人組出道賽季拉下了帷幕。

短短三個星期後，包括他居住的仙台市在內，整個東北地區與東日本遭受大地震侵襲。

註8：即國際滑冰聯盟花式滑冰大獎賽日本站。

註9：Quadruple Toeloop Jump，簡稱4T。Toeloop Jump華語圈或譯為「後外點冰跳」。慣用逆時針旋轉的運動員跳Toeloop Jump時，用右足後外刃起跳，同時用左足刀齒點冰，旋轉三百六十度後用右足後外刃落冰，左足不接觸冰面，並向後滑行。採順時針旋轉的運動員則與上述相反

註10：Exhibition或Gala。比賽結束後由獲獎選手等人演出的表演節目。

註11：Four Continents Figure Skating Championships。由國際滑冰聯盟主辦，與冬季奧林匹克運動會、世界錦標賽、花式滑冰歐洲錦標賽平級，每年舉辦一次。「四大洲」係指奧運五環之中的四環區域，即美洲、亞洲、非洲、大洋洲。歐洲另有歐洲錦標賽，故不在此列。

2009年青年組大獎賽總決賽的短曲《不可能的任務(Mission: Impossible)》。

2009年，國中3年級。全日本錦標賽的長曲與上個賽季同樣是《帕格尼尼主題狂想曲》。

Scene 4

三月十一日

地震當時，羽生結弦正在自家附近的訓練基地練習。他自己與家人均無大礙，但是冰場半毀，只得在失去寶貴練習場所的情況下度過休賽季。

（出自二〇一一年五月的訪談。）

「直到現在，我一閉上眼睛腦中就浮現各種情景。冰面晃動的感覺、地面被頂上來的震撼、連站都站不穩的恐懼……冰場遭到破壞的那一刻，全都歷歷在目。

那一天剛好因為考完試不用去學校，白天就去了冰場練習。跟我在仙台冰場練習的還有未永巧前輩，他現在正在國外參加冰演秀。那時候他剛結束冰演秀回來，就和我一起上冰練習。當時冰場沒什麼客人，感覺幾乎由我們包場了。大地震就是在那時候發生的……而

2009年，在青年組大獎賽總決賽奪冠時的長曲表演。

同場賽事，與阿部奈奈美教練在短曲結束後的等分區。

2009年1月，「Japan Super Challenge」
的表演滑曲目《CHANGE》。

我，什麼也做不了。

我從小在這座冰場遇過好幾次大地震。好像是小學二年級或三年級的時候吧？晚上練習時接連發生震度五強的大地震。媽媽當時在冰場隔壁的大榮紳士服賣場工作，大榮那棟樓有整片玻璃，她工作的賣場也有許多大型貨架，我還記得自己在地震發生當下非常擔心：『媽媽沒事吧？』這種害怕因為地震失去家人的恐懼感，一直藏在我心裡。所以我每次遇到大地震，就會驚慌得不知所措……

那一天也一樣，小時候的記憶湧上來，我只能死命抓著巧哥說：『哇，不要！』巧哥護著我的頭安慰：『不要怕！不會有事的！』但我拚命大喊：『不要不要不要不要！』

我真的很害怕。搖晃的聲音太不尋常，感覺不像是這個世界的聲響。我還聽見放出租冰鞋的架子『哐啷哐啷』倒下來的聲音，以及冰場入口玻璃門錯位『喀啦喀啦』的碰撞聲。那裡的門全都『磅！』地撞開來。我喊著：『不要不要！我們會沒命吧！怎麼會這樣！』真的嚇哭了。

當這一波地震似乎快要平息，我好不容易喘口氣，心想：『總算停下來了……』沒想到，突然『砰！』一聲巨響。我嚇一大跳，竟然是冰場旁邊的牆壁轟然倒塌。牆壁不是在搖晃過程中倒下來，是感覺搖晃似乎停止，正想著『總算停下來』的時候，那道牆卻『砰！』地倒塌。就連巧哥也嚇呆說：『我們會沒命吧。』而我一直拚命大叫：『不要不要不要不要不要！』

過一陣子之後，地震終於平息，我們逃離現場時只能用爬的。我真的雙腿發僵，動也動不了。冰鞋也來不及套上冰刀套，直接用冰刀踩著地面逃走。結果因為踩在水泥地上，冰刀都磨損了，我心想：『這下慘了。』於是手忙腳亂地把冰鞋脫下來拿在手上，說什麼也不肯放手……

外面很冷。當我穿著短袖練習服衝出來，才發現下了雪。我的日本隊服外套、隨身物品、在冰場外穿的運動鞋全都留在冰場裡。這段期間又發生好幾次餘震，許多人紛紛逃出來。降雪在此刻已變成暴風雪。

巧哥和我兩個人面面相覷：『怎麼辦……』聽到冰場裡出來的人說起裡頭的情形，又讓我們驚愕不已。他們說裝設在冰場天花板裡的自來水管和排水管全部破裂，建築物內部都淹了水，鋪設冰場用的管線當然也全毀。正當我們茫然不知所措，只能問『怎麼辦』時，其他教練替我們拿出隨身物品、幫忙我們穿上外衣……這時候才稍微感覺自己得救了。」

「我的家人在地震發生時都分散在各地。我在冰場裡練習，姊姊在同一個冰場裡打工，當時正好打完工在回家的路上。媽媽在家裡，爸爸則是去工作。

我想，事發當時最冷靜的是姊姊吧。她走在半路上立刻衝回冰場找我。『沒事吧！』

2010年大獎賽系列賽NHK杯。表演長曲《流浪者之歌(Zigeunerweisen)》。

同樣是NHK杯。成人組出道第
一年的大獎賽系列賽留下了辛
酸的回憶。

安撫我之後，再回家帶媽媽出來，三人一起去避難。

路上的電線桿都倒了，人孔蓋也因為排水管破裂而噴飛，四處都在冒水……再加上電力還沒恢復，周圍愈來愈黑暗，只能茫然心想：『這到底是怎麼回事……』值得慶幸的是，家裡只有浴室的牆壁倒塌，房間的牆壁和天花板、柱子出現裂痕。不過，架子上的東西全都散落一地，鋼琴也倒下來了。

看到眼前各種狀況，我不禁想：『這下真的慘了啊……』不過，因為電力完全中斷，我們也不清楚地震的實際受災情況，當天晚上暫時先到避難所安頓下來。爸爸因為沒辦法從工作的地方趕回來，我就和姊姊、媽媽三個人在一坪大小的空間度過一晚。空間真的很小，我們三人只蓋一條毯子，緊緊抱在一起睡……那一晚，真的好冷。僅僅亮著一盞用汽油發電的電燈，沒有任何暖氣，真的真的……好冷。

更讓我驚訝的是隔天。原本以為只有內陸地區受災，直到早上，報紙送到避難所，我才終於明白到底發生什麼事。從那一天起，我在避難所待了四天，這段期間什麼也不能做，我茫然望著天花板，思考著許多事情：『這種時候哪裡還有心思滑冰？』『不對，這種情況下根本不應該滑冰。』『我看我乾脆放棄滑冰吧？』

我就讀的東北高中的棒球隊也討論著：『還進得了甲子園嗎？』『到底該不該去甲子園？』我的問題雖然微不足道，但是處境和他們有點類似吧。我也閃過一個念頭：『是不是應該去當志工？』畢竟自己算是小有成績的選手，在避難所等地走走，說不定可以幫上一點忙。剛開始還沒有心思去想自己的滑冰生涯，但是等到情況稍微穩定一些，開始思考自己的未來，便覺得：『我的滑冰生涯怎麼會這個樣子？』因為千年一遇的災難導致冰場毀損……這種狀況怎麼讓我遇上了？我一直反覆思考這件事。待在避難所的四天裡，以及離開那兒之後大約一個星期中，我不斷思考著許多事情。」

「地震發生後十天，我重新恢復訓練。仙台的冰場當然沒辦法使用，我只好去打擾曾待過仙台的都築章一郎教練所在的東神奈川冰場。對，就是佐佐木彰生選手等人所在的冰場。再加上我也收到神戶慈善表演會（四月）的邀請，所以，不滑不行啊。

可是，我已有十天沒滑冰，連跳躍都跳不出來。因為肌肉力量減退了，最大的差別在大腿內側，我那邊的肌肉完全沒了。從那之後經過一個月時間，現在差不多回來了，但還是不夠。最瘦的時候，大概只有現在的四分之三吧。我是一段時間不練習就會消瘦的人。所以啊，如果我不再是現役選手，可能就會變得瘦巴巴的（笑）。總之，我重新恢復訓練時的肌肉，只能勉強跳出Axel。至於四周跳，根本還無能為力。

那段期間最困擾我的是地震發生時的記憶。我平時非常重視『意象』，跳躍時也十分注重意象訓練。狀況好的時候，我能在跳躍的同時，以3D影像的形式看見自己在跳躍當下

與少年組時期以來的競爭對手田中刑事合影。

夏天在中京大學集訓。與織田信成選手等人。

（4張皆是）2011年夏季強化集訓時的情景。與村上佳菜子選手搭檔練習冰舞。

的姿勢喔。我看得很清楚：『啊，剛剛這邊歪了，得調整一下。』狀況非常好的時候，我真的能看到三百六十度全方位的視野。因為我一直在做這樣的訓練，所以地震發生瞬間的情景，我全都看在眼裡，也記得一清二楚。我當時明明緊緊抱著巧哥，不知怎地還是全看見了。地震過後一段時間，我一閉上眼，腦中就會浮現那時候的所有情景……

地震給我的印象如此強烈，也和我平時養成意象訓練的習慣有關吧。因為那份記憶實在太痛苦，讓我不願閉上眼，在避難所只好一直盯著天花板。我一睡覺就會夢到，剛開始的三天裡作了好幾次惡夢。我今天又講了這麼多，晚上恐怕……不會不會，我已經沒事啦（笑）。不過，還是很害怕啊。」

「我看了震災過後、四月下旬在莫斯科舉行的世界錦標賽（註12）。卡欽斯基選手表現得十分精彩（初次出賽獲得第三名）。這個當然……讓我燃起鬥志了！老實說，我對那樣的結果很不甘心，超不甘心的！並非因為我和他在同一場比賽較勁卻敗給他，而是雖然在世界青年錦標賽的名次我比他高，但這是世界錦標賽耶！他竟然在這麼特別的比賽裡，成功在短曲和長曲跳出四周跳，名次還那麼高！

真是有點……不甘心啊。我已經在這個賽季的俄羅斯杯輸給他（卡欽斯基第六名，羽生結弦第七名），這次他甚至足以抵銷掉我在世界青年錦標賽的戰績，讓我有一敗塗地之感。

看過世界錦標賽的男子長曲後，我直到半夜三點都睡不著，氣得心想：『可惡！』（笑）『他都能跳得那麼好，為什麼我跳不出四周跳啊！』剛好那陣子，我受邀參加Prince Ice World冰演秀，就在結尾時挑戰了四周跳。但是十場演出，我只成功兩次。我對這一點也是超級懊惱！『為什麼我跳不出來啊。可惡！』那天晚上，我就這樣不斷做四周跳的意象訓練，結果愈想愈亢奮，直到半夜三點都還睡不著（笑）。

不過，正因為有卡欽斯基這樣的選手，讓我覺得升上成人組是很棒的一件事。能在彼此互相激勵的情況下滑冰，真好。因為在俄羅斯杯表現失利，我才能發憤努力，因而在全日本錦標賽的短曲排名第二。四大洲錦標賽能打進第二名，肯定也是因為心裡還留著俄羅斯杯的懊悔。敗北的不甘，都成了讓我變強的彈簧，這回又多了幾個。我本來已經有三個彈簧，現在成了六個！如果能把這些彈簧直接裝在腳上讓我跳躍成功，我會更開心啦（笑）。

這個賽季的世界錦標賽，對我來說……還無能為力吧。畢竟日本選手人才濟濟。像今年，我根本還沒辦法超越最厲害的三位。

至於下一次……我很想要出賽喔！雖然不知道自己能不能超越高橋選手、小塚選手、織田選手這三大強者……但是，一定要有迎頭趕上他們的心態才行。索契冬季奧運會也愈來愈近了，如果目標是取得索契的參賽資格，就得要拿出進得了下一屆世界錦標賽的拚勁。下個賽季，我不會再讓人家說我是剛從青年組升上來的菜鳥，一定要讓大家知道，我也是成人組的頂尖選手之一！」

「可是，我今後的訓練該怎麼辦呢……我還不知道。目前只得暫時拜託東神奈川的冰場關照……仙台冰場不能使用時，詳細情形我不太清楚，但聽說大家都很關心我：『結弦有地方訓練嗎？』特別是關西大學的濱田教練與岳斗教練（濱田美榮教練、田村岳斗教練），心急如焚地立刻聯繫奈奈美教練。真的很感謝他們。不過，我也很擔心，中部與關西離仙台很遠，我人生地不熟的，貿然前去打擾好嗎？

在這種情況下，東神奈川冰場有我小時候很熟悉的都築教練，所以我想，不如去都築教練那兒吧？呵呵呵，都築教練啊，我以前超怕他的，可是他現在完全不會大聲罵人。不，他在訓練過程中也不太講話，但我覺得這樣很好。只要都築教練待在我身邊，我就很有安全感。像陳偉群也說過，當他跟著年長的教練時，教練幾乎沒有給予進一步的指導，但只要教練陪著，他就很安心。我的情形跟他一樣吧。

不過，有一點很抱歉……我才剛來沒多久，東神奈川冰場的贊博尼（Zamboni）洗冰車就壞掉了！好像是履帶崩斷，害我心想：『欸，我難道是掃把星？』（笑）。

就是這樣，我總算恢復訓練……這次讓我感受最深的是：『真的有很多人支持我。』首先是最直接支持我的家人，以及透過募款等活動間接幫助我的人，還有替我加油打氣的人……我也收到了冰迷、期待我的人寫給我的許多信。冰演秀結束後收到的信裡，有人這樣寫哦！『地震發生時，一聽到

2011年10月的日本公開賽(Japan Open)。以特別嘉賓的身分受邀表演《天鵝湖(White Legend)》。

是仙台，我就好擔心結弦。』除此之外，也有人在推特上發文：『不要放棄滑冰。』強尼（Johnny Weir）好像也立刻在推特上發訊息給我。還有為了我們而表演的衆多花滑選手……世界錦標賽的表演滑，我是在與小明和小靜（鈴木明子選手、荒川靜香小姐）參加富士電視台的現場直播時看到的，川口悠子小姐滑那首日語歌（動畫電影《神隱少女》片尾曲〈永遠同在〉）的樣子好動人……我真的好感動。還有為了冰場重新開放而奔走的許多人，經理、負責冰場營運的加藤商會以及教練們……這段期間聽到不少訊息，知道所有人如何盡心盡力復原冰場。其中也有媒體朋友向外界傳達我的現況。因為有這麼多人支持，我才能撐到現在啊……我真的一直都這麼想。

不但如此，我也覺得音樂支撐著我。像是BUMP（BUMP OF CHICKEN）、Hi-Fi（Hi-Fi CAMP）……我之前就喜歡聽的音樂，震災過後，聽起來的感覺全都不一樣了。例如BUMP的〈supernova〉、FUNKY MONKEY BABYS的〈再一些〉、Hi-Fi CAMP的〈R〉。〈R〉這首歌裡寫的：『人絕不是孤單一人，有人支持、有人守護』『我要像擁抱城市的落日，當一個溫柔的人』……真是超好哭的。聽到同一首歌的這段歌詞：『我能做的，別人也一定能做。那我應該做什麼？』我就會心想：『那我應該繼續滑冰吧？』我在避難所用姊姊的i-Pod聽這些歌，眼淚根本止不住，撲撲簌簌直掉淚……

真的有非常多人支持我，音樂也鼓舞了我。正因為有那麼多人在我身邊，我才能繼續滑冰。也因為支持我的人那麼多，我想，應該可以任性一下吧。不管是任性還是依賴，我只要竭盡全力做好自己該做的事就好了吧……總覺得自己真的想了好多。

我也想過，多虧大家的幫忙，我才能繼續滑冰……事到如今，沒必要計較競爭對手、地震、訓練環境、輸給誰或贏了誰的問題，現在是我與自己的戰鬥。我必須自己設定目標，朝著目標勇往直前。

曾有一段時間，我真的不想滑冰，覺得放棄也無所謂。那時候深深覺得：『發生這種大地震，我根本無能為力。都已經這麼痛苦了，沒必要再為了滑冰辛苦奮鬥吧。我想當個普通的高中生，過著平凡的日子。』說穿了，我就是把『不想滑冰』的念頭推給地震。

就在此時，有人問我要不要參加慈善冰演秀，我心想：『我要滑！』同時打定主意，既然要繼續滑冰，絕對不可以歸咎於地震或冰場等因素。雖然情況真的很艱難，沒有適合的環境讓我訓練，但我不希望賽季開始後，被人說羽生是受到地震的影響導致成績下滑。我當然不會忘記代表受災地區參賽的使命，但是不希望人家說我『遭遇地震依舊努力』或是『因為地震沒辦法努力』。我只想當一名普通的選手，希望自己有足夠的能力心無旁騖奮戰。

所以，只能拚了。我能做的，只有全心全意努力向上。我也會為此竭盡全力，把自己能做的全部做好。我是這麼認為的。」

註12：二〇一一年世界錦標賽原訂於日本東京舉行，因受到大地震影響，延後一個月由俄羅斯的莫斯科接手舉辦。

Scene 5

把冰演秀當成練習場

羽生結弦一口氣跟我們說了他從五月到十月賽季初期的經歷。他共計參演了六十場冰演秀，努力在觀眾面前表演新賽季的短曲與長曲。在缺乏訓練基地的情況下，把參演冰演秀當成練習的機會，實在是不得已的辦法。他只能趁著冰演秀開場前練習，如果是週末舉辦，就盡量在星期三或星期四提早到冰場，利用冰演秀的場地訓練。他也會求教一起參演的海外滑冰明星與擅長四周跳的選手。冰演秀正式開演時，即使不容許失敗的緊張感更甚於比賽，他依然勇猛挑戰四周跳與組合跳躍。

於是，眾多冰迷就在這個夏天，見證了羽生結弦以超乎常人的鬥志，逐步完善自己的技巧與曲目。

（出自二〇一一年五月的訪談。）

「我目前以東神奈川當作臨時的訓練據點。因為收到許多冰演秀的邀約，所以在全國各地四處奔波，過著以旅館為家的日子。我可以趁著冰演秀開演前利用那裡的場地練習，主辦方也會負擔我在參演期間的住宿費用。待在東神奈川的時候，我就住在商務旅館……每天就是這樣過啊。

我很高興自己能以受災者的身分獲邀參與冰演秀，特別是慈善性質的表演。像我這樣遭遇地震、沒有完善的訓練環境、沒辦法充分練習的選手，卻還邀我參加冰演秀……我想，我一定要努力完成『傳達』的使命。如果我能全心全意投入表演，相信觀眾一定會感受到我想傳達的訊息。因此，我更加覺得自己必須努力練習！

我在最先受邀參加的神戶慈善表演會（四月）上，真的差點哭出來了。當時滑的是上個賽季（二〇一〇至二〇一一）的短曲《天鵝湖（White Legend）》。因為這首曲目給人『啓程』或『展翅高飛』的印象，所以我決定在慈善表演會上滑這首。一開始的旋律比較沉重，象徵地震過後甦醒的模樣。剛開始，一片茫然。從睡眠中醒來，卻發現四周一團漆黑，不禁驚慌失措：『到底怎麼回事？』旋律也從心中充滿疑惑的狀態，逐漸轉為強烈，各種思緒開始掙扎：『我現在應該怎麼辦才好？』『我在這裡能做些什麼？』最後，內心愈來愈堅定：『我要滑冰！』『從現在開始，我要變得更強！』我想透過《天鵝湖》表達心境的轉變，所以在神戶滑了這一首曲目。

一曲滑完，我在冰上向觀眾致詞，接著再滑了安可曲……當時真的快哭出來了。因為這場震

2011年4月，參與「東日本大地震慈善表演會～復興之城，來自神戶～」。

災，才得以完成這首《天鵝湖》。現在滑這首曲目的心境，和以前完全不一樣……我在Prince Ice World冰演秀（四月至五月，橫濱場）主要滑的長曲《流浪者之歌》也是如此。比賽中滑這首曲目時，確實想過：『我要好好表現！』但這首曲目真的很難，滑的時候，腦子裡還糾結著跳躍，就連負責編舞的奈奈美教練也笑說：『這首曲目還真是魔鬼呀。』可見它有多難（笑）。但在Prince Ice World表演了十場，到最後一場時，發覺它在我心裡已經變得不一樣。我也不知道該怎麼解釋，感覺自己第一次能夠融入《流浪者之歌》的情境。這究竟是什麼樣的情感，實在很難用言語表達……只能用身體來表現，感覺某種情感從我的身體自然流露出來。

以前接受訪問時，有人問過我到底是藝術家？還是運動員？從那時候起，我便決心成為一名藝術家。可是，運動員也有運動員的厲害之處，例如強健的力量、高超的跳躍技巧……首先具備運動員應有的技術，再進一步成為藝術家，這就是我的目標。就像在都靈冬季奧運會拿下金牌的荒川靜香小姐一樣。

在避難所生活的那幾天，我又反覆思考了許多。想著自己也要有所成長，達到嚮往的境界。因為有這樣的經歷、因為遭遇震災，才讓我萌生各種情感。我想，就是因為遭受地震的刺激，才有機會完成某些東西吧。」

（出自二〇一一年十月的訪談。）

「從那之後一直到秋天，我受邀參演了各式各樣的冰演秀，也隨著Prince Ice World的演出，在東北八戶的冰場表演。我從小在那裡滑過好幾次，真是充滿回憶的冰場。像是北日本大會、東北及北海道地區大會，還有八戶舉辦的地方賽事，這些我都參加過好幾次。我在這地方實在受到不少關照，這次則是在那裡滑了慈善冰演秀。我在東北的舞台主要是滑《天鵝湖》，能在災區滑這首已和目前心境合而為一的曲目，真的讓我激動不已。

參演THE ICE（七月）這類有很多群舞曲目的冰演秀也很有趣。花式滑冰通常是單人或雙人一起滑的運動項目，但是冰演秀有團體群舞，需要眾多滑冰運動員同心協力才行，感覺像在表達：『讓我們一起完成這場冰演秀吧！』老實說，快速換裝還滿困難的，因為我是第一次參加THE ICE冰演秀，所以手忙腳亂的。但是身為表演者，可不能說這種話，表演的時候就要認真表演！參演THE ICE的好處是能與亞當・瑞朋選手（Adam Rippon）與佛洛朗・阿莫迪歐選手（Florent Amodio）等多位目前征戰世界的頂尖選手一起練習、互相較勁。

能在每次都獲邀參演的Fantasy on Ice（六月、七月、九月）冰演秀上與熟識的滑冰運動員一起表演，也讓我十分開心。休息室的氣氛非常輕鬆愉快，強尼・威爾選手與史蒂芬・蘭比爾先生（Stéphane Lambiel）會一面唱歌一面化妝。除了自己的曲目以外，冰演秀終場會安排較劇烈的舞蹈，雖然編舞動作一點也不輕鬆，但是滑起來很過癮。Fantasy on Ice的終場不只是我，連町田樹選手也舞動得十分激烈，鈴木明子選手更是帥氣十足！

遭遇震災的羽生選手受邀參演神戶慈善表演會，表演《天鵝湖》。

百感交集、全心投入的《天鵝湖》，讓現場所有觀眾起立喝采。

我一直和水準如此高超的滑冰運動員一起在許多人面前滑冰，也意識到自己必須要做更多的『表現』！自從參與冰演秀，這種想法逐漸成形。此外，冰演秀的燈光昏暗，也沒辦法在正式表演前練習六分鐘，但我依然在這種情況下跳出大量的四周跳與4T－3A組合跳。或許是這個緣故，讓我面對新賽季時增加不少信心，之後在比賽中跳躍的時候也顯得從容許多。

不管怎麼說，我一個休賽季就參演了六十場冰演秀！這段期間，我還必須維持精彩的演出水準，真的是竭盡全力讓自己一直保持最佳狀態。我現在已能撐著滑到最後一刻，過去體力不足的問題，多少也有些改善了吧。

不過，畢竟是六十場，好累啊（笑）。隨著冰演秀持續演出，我的身體漸漸累得動不了，有時候自己也明白：『今天沒辦法拿出最佳狀態……』但是，既然受邀參與冰演秀，責任如此重大，說什麼也要盡自己最大的努力，展現最精彩的表演。我也真的竭盡所能從頭到尾滑完……這對我來說，真的是很寶貴的經驗。

關於冰演秀——還是希望有人看到年僅十六歲的我一個人出場滑冰的模樣，多少能因此增添一點勇氣。不管發生什麼事，我都希望能繼續滑冰。我也很想把這份心意傳遞給來觀賞的觀眾，還有災區的人們。受邀參加冰演秀確實很開心，但也覺得重責大任，很有壓力……不過，這些都會成為我莫大的力量。」

「我的休賽季——不停參演冰演秀的休賽季就這樣結束了。我對東北地區的思念，一如既往強烈。不過，比賽的時候就不會想那麼多，必須以一名選手的身分、身為代表日本參賽的選手身分努力奮戰。電視台等媒體介紹我的時候，應該還是會說我是來自災區的選手，話題也是以地震發生時的情形為主吧。我有時候也會覺得，這個賽季沒有完善的訓練環境，跟以前相比不是處在最佳狀態，甚至心想：『在這種情況下，沒能拿到好成績也是無可奈何……』

可是，最終還是不能歸咎遭遇地震或成為受災者，我希望比賽的時候能專注在自己的表演。既然有機會出賽，就要盡好選手的本分，發揮自己的實力。我希望能把全副心神專注在這一點。我能獲選日本的代表選手與強化選手（註13），並不是因為遭遇地震依舊努力，而是長久以來的成績受到肯定。我希望自己能帶著這份自信，盡力做好身為日本代表選手的本分。

至於比賽，最終還是要有好成績！這一點比什麼都重要。像我在看莫斯科舉行的世界錦標賽，看到安藤美姬選手獲得冠軍，讓我的感受更加強烈。贏得世界錦標賽冠軍，可不是輕而易舉的事。美姬是在日本成長、代表日本出賽的選手，發生地震的時候，她應該也很驚慌失措。如今日本正值艱難的時刻，她在這種情況下遠赴俄羅斯參加比賽、上場滑冰，心情想必很複雜吧。換作是我站在她的立場，也許會煩惱著是否要參賽。可是，美姬卻在這樣的情況下堅強迎戰。她的身影深深鼓舞了我，讓我精神百倍！

（3張皆是）在神戸慈善表演會向觀衆致詞。「差點哭出來了。」

募金箱

滑冰固然重要，有著想將心意傳遞給災區的決心也很重要。然而，我們苦練滑冰至今，終於有機會站上大獎賽系列賽及世界的舞台，唯一能做的就是在賽場上拚出成績。因此，身為一名選手，身為一名滑冰運動員，現在最應該做的就是拚出好成績。舉例來說，我在比賽中完成了自己很滿意的表現，可是成績沒能獲獎。就算自己可以接受比賽的結果，也認為有表達出自己的心意，但是沒有留下好成績，就不知道電視台會不會播映這段演出，也不曉得人們能不能看到。一般人只能透過新聞看到結果，心想：『唉，羽生的成績就這樣喔？』我絕對不要那樣。

還是希望大家看到我的成績會感到開心，這也算是報答所有支持我的人。所以，我要先為了自己竭盡全力滑冰，接著拚出好成績。或許真的是微不足道，但仍希望能藉此鼓舞災區的人們……這就是我在賽季開幕前的想法。」

註13：日本滑冰聯盟將選手級別分為三種。一，特別強化選手：全日本錦標賽前三名選手或成人組大獎賽系列賽有兩站的選手，也可能指定與上述選手同樣擁有賽季最佳成績者。二，強化選手A：全日本錦標賽前八名選手、全日本青年錦標賽前三名選手或成人組大獎賽系列賽有一站的選手，也可能指定與上述選手同樣擁有賽季最佳成績者。三，強化選手B：全日本錦標賽前十二名選手、全日本青年錦標賽前八名選手或全日本少年錦標賽A組前段選手，也可能指定與上述選手同樣擁有賽季最佳成績者，並追加春季JGPS派遣選手考核集訓中入選派遣名單的選手、夏季全國有望新人發掘集訓中獲得指名的選手。

Scene 6

大獎賽系列賽殊死戰

七月，仙台的訓練基地順利恢復營運。度過了將冰演秀當成訓練場的休賽季，並在開賽前夕前往俄羅斯的莫斯科集訓，羽生結弦就此衝向二〇一一至二〇一二年賽季。

新賽季的首要目標，自然是實現去年沒能完成的夢想——出戰世界錦標賽。為此，他必須打破日本男子單人滑由高橋大輔、小塚崇彥、織田信成三強鼎立的局面。這就是羽生結弦的最大課題。

（出自賽季前的訪談。）

「如果想要出戰二〇一四年的索契冬季奧運會，我就得從這個賽季拚到足以出戰世界錦標賽的水準。所以，我的目標是今年無論如何都要前進世界錦標賽！

2011年7月，在八戶舉辦「THE ICE」冰演秀招待受災民眾。與當地練滑冰的小朋友一起表演。

2011年8月，參演「Friends on Ice」冰演秀。羽生選手正在撫摸荒川靜香小姐懷裡的愛犬。

為了達成目標，首先，我要在還沒站上頒獎台的大獎賽系列賽中，努力從第一戰的中國杯開始打進前三名。我要用心比好每一場比賽，也要拚進大獎賽總決賽。必須更加努力練習，希望能站上全日本錦標賽頒獎台，爭取世界錦標賽的參賽資格。上個賽季，我在全日本錦標賽的短曲拿下第二名，可是最終排名是第四名……今年我的立場依舊不變，還是要迎頭趕上前面三名選手。

總而言之，任何一場比賽對我來說都很難獲勝。就連站上頒獎台，也要看自己有沒有運氣。結果上個賽季，我能站上頒獎台的比賽只有四大洲錦標賽這一場。這一點還是讓我很不甘心……因此，我今年必須先去除剛從青年組升上來的天真心態。希望出戰任何一場比賽都能展現去年四大洲錦標賽時的氣勢。先決條件還是要穩定跳出四周跳，後半段的跳躍也必須成功。我要努力表演自己的曲目，也得想辦法贏過阿大、小崇與信成，可不能再輸給他們。我再也不想說『我還差得遠』！」

賽季首戰是九月下旬的霧笛杯（Nebelhorn Trophy）。這是級別次於大獎賽系列賽的國際B級比賽。雖說是賽季正式開始前做為熱身性質的賽事，但羽生結弦於首戰即力壓米哈爾・布熱齊納（Michal Březina）與哈維爾・費南德茲（Javier Fern ndez）等強敵，第一次在成人組的國際賽事中奪冠。

「霧笛杯……我雖然贏了，可是很不甘心！儘管評價不錯，我卻搞砸了短曲和長曲的四周跳，旋轉和其他部分也有許多不該犯的錯誤。更糟糕的是，長曲最後階段的速度根本出不來。我完全沒力氣蹬冰，做完編舞步法(Choreo sequence，ChSq)時，甚至能聽到奈奈美教練對我大喊：『蹬冰！』等到滑完，身體已經筋疲力盡。我本來不應該讓教練擔心的，速度卻完全出不來……

這明明是我第一次拿到成人組國際比賽的冠軍，還贏了世界排名第四的布熱齊納選手，卻懊惱地想：『為什麼這麼不甘心啊？』如果布熱齊納沒有把這場比賽當成熱身賽，而是當作正式比賽一樣認真看待就好了。因為我感覺不到他有拿出『我要拚了！』的氣勢……

不過，接下來就是大獎賽系列賽了。大家都會使出渾身解數應戰，我下一戰的目標還是希望登上頒獎台。為了打進總決賽，我要加入四周跳，旋轉的定級也要拿到四級。往後的每一場比賽，都要表現得更出色才行！」

十一月上旬，羽生結弦以大獎賽系列賽中國杯正式開啟了賽季第一戰。短曲精彩跳出了四周跳，獲得排名第二的好成績。此時排名第一的是始終視為勁敵的俄羅斯選手亞瑟・卡欽斯基。兩位備受看好的新生代選手，短曲即成功跳出四周跳，超越了迴避四周跳的傑瑞

2011年7月，在名古屋舉辦的「THE ICE」冰演秀。表演本賽季的短曲《悲愴（Étude in D-sharp minor, Op. 8, No. 12)》。

在八戶舉辦「THE ICE」冰演秀招待受災民衆。表演本賽季的長曲《羅密歐與茱麗葉(Romeo and Juliet)》。

米・艾柏特與織田信成等一干實力派老將。

「世代交替」——羽生結弦在短曲的表現不禁讓人聯想到這句話。隨後的長曲，他再次完成漂亮的四周跳，但在後半段，他最擅長的3A等跳躍接連失誤，還摔倒兩次。原本以站上頒獎台為目標的比賽，最終以長曲排名第四、總成績第四名畫下句點。儘管如此，羽生結弦身為「新・四周跳時代」深受矚目的年輕選手，依然讓全世界冰迷對他留下深刻印象。

（出自中國杯長曲結束後的訪談。）

「我這次以些微差距落居第四名。不過，我表現得這麼糟，輸了這場比賽也是無可奈何的。現在的心情已經不是懊惱著本來好想贏，或者輸了不甘心。比成這樣，實在覺得自己很沒用。

我搞砸的長曲……Axel摔倒的時候，自己也嚇了一跳。這幾年來，我幾乎沒有摔過後半段的Axel。這場比賽，實在比得很糟糕啊。四周跳好不容易成功了，卻在四周跳以外的部分出差錯，真是沒用啊。

一開始是Lutz（註14）有點失去平衡，後來的Axel組合跳因為後面接Toeloop失敗而摔倒。當時心想著一定要把下一個Lutz跳好，結果又摔了。最後一跳的Salchow（註15）也跳空成了二周……真是情何以堪。練習的時候，就算配合音樂練習也沒有出現這種失誤啊。可是一上場比賽，卻失誤成這個樣子……我想，我的訓練方式還有待改進吧。練習長曲時雖然有完整滑過好幾次，但只是把出錯的部分反覆練習到無失誤，這種方法到底好不好呢？不僅是無失誤就好，我必須練習得更徹底才行，往後即使再像這次因為比賽太緊張而失誤，也不要被一個失誤影響後面的表現。我要學著將曲目從頭到尾串連起來，學著一面思考改進之處一面練習，學著用上場比賽的心態為比賽做好準備。

還有，我發覺這次似乎缺乏『獲勝的企圖心』，反倒是『太執著自己的技術』。比如說，這次失敗的3A-3T。我沒必要硬是堅持三周跳接三周跳的組合跳躍，後面的Toe loop要是改成二周跳就不會摔倒了。可是，我的自尊心冒出來：『我一定要在3A後面接3T！』不應該在這時候固執己見啊。如果不堅持跳三周跳，而是更懂得運用策略，這次就會贏了。勝敗僅在毫釐之間。『堅持自己的表演！』這種想法固然是好，但也因此失去『我要獲勝！』的冷靜。我就是少了『我要登上頒獎台最高處！』的志氣吧。」

「所以這次要反省的是訓練的方法，還有心態的調適。比起技術上的問題，我更在意心理上的課題。不過，我在這場比賽還是有值得肯定的地方。那就是霧笛杯沒能跳成功的四周跳，這次在短曲及長曲都跳成功了！連我也覺得自己只顧拚四周跳。

在比賽上跳四周跳，我對自己還沒有足夠的信心。因為心裡實在很不安，所以霧笛杯

2011年12月，大獎賽總決賽的公開練習。

11月，在大獎賽系列賽中國站的公開練習中摔倒，不好意思地笑著。

的公開練習與六分鐘熱身全都用來練四周跳，練得太過火了。霧笛杯那場比賽，我在六分鐘熱身時一次都沒跳成功，心裡更加擔憂，就這樣帶著陰影上場比賽，結果還是失敗了……

但是這次沒有被練習時留下的陰影干擾到正式比賽。搭巴士從旅館前往比賽會場途中，我一直盯著影片做意象訓練，把自己在比賽時發揮良好的跳躍一股腦兒塞進意象裡。我把最理想的四周跳意象與自己在影片中的四周跳意象融合、重疊在一起，比賽時就帶著最酷最帥的意象上場。於是，這次在短曲和長曲的四周跳都成功了。一開始當然會擔心，但是融入表演情境後，心裡的不安頓時消失。這次的比賽，我覺得只有在四周跳時是全神貫注的。

可是，我的目標是大獎賽總決賽，而以這次的名次來說，情況頗艱難。中國杯第四名，意味著我只能在俄羅斯杯拿下冠軍才行。老實說，我本來覺得中國杯是賽季第一戰，如果能上頒獎台就好，要是能拿到第二名也不錯。不過，我現在知道不可以抱著這種天真想法。想去總決賽，下一戰唯有拿冠軍。既然非得要第一名才能進總決賽，那就拿下第一名吧！這麼一想，反而簡單得多，心情也輕鬆起來了（笑）。在『只能拿第一』的情況下，我一定能專注在自己的表演。正因為有了奪勝的企圖心，一定會有精彩的表現。嗯，以心態來說，這不正是最佳狀態嘛！

單以中國杯的短曲而言，我排名第二，贏過信成與傑瑞米，這一點讓我有了自信。因為我贏了以為贏不過的選手。我要帶著這份自信迎戰俄羅斯杯，全心投入自己的表演！我說什麼也想去今年的世界錦標賽，所以無論如何也要打進總決賽。因此，唯有在俄羅斯杯拿到第一名才行。」

兩星期後——「我絕對要進總決賽！」羽生結弦真的一如自己的宣言，成功在俄羅斯杯贏得大獎賽系列賽首勝，成了第六位前進總決賽的挑戰者。

出戰俄羅斯杯的參賽者，有全美錦標賽冠軍且曾獲得大獎賽總決賽冠軍的傑瑞米・艾柏特、世界錦標賽第三名的卡欽斯基與第四名的布熱齊納，以及後來在大獎賽總決賽拿下第三名的哈維爾・費南德茲（西班牙）。這絕不是一場輕鬆的賽事，羽生結卻在短曲與長曲刷新個人的最佳成績，力壓群雄，風光站上頒獎台的正中央。

（出自俄羅斯杯回國後的訪談。）

「我在俄羅斯杯解決了中國杯的課題，對自己的表現也很滿意，現在覺得非常有成就感！之前在中國杯的長曲後半段摔了兩次，後來徹底檢討自己的表演，這次在俄羅斯杯就能穩穩地完成後半段的跳躍。比起體力，我更懂得穩定自己的心神，以從容的心態滑完短曲與長曲。

我在中國杯以〇・一二一分的些微差距錯過頒獎台，與冠軍也只差兩分。後半段跳躍失

(2張皆是）同樣是大獎賽系列賽中國站。公開練習即氣勢十足。

同樣是大獎賽系列賽中國站。與阿部奈奈美教練說笑。小熊維尼面紙套總是相伴左右。

加拿大魁北克的大獎賽總決賽。短曲上場前，與阿部教練握手。

敗實在令人懊惱。可是，我在俄羅斯杯與第二名的費南德茲選手竟然只差〇・〇三分！能在競爭如此激烈的比賽中獲勝，就是因為中國杯嘗到的悔恨深烙在心底，激發出潛能吧。

再說這一次，我的短曲步法第一次拿到四級！四周跳雖然失敗了，短曲還是以八十二分刷新個人的最佳成績，這也算是一項收穫。不過，長曲的時候太貪心，還想在步法上拿到四級，結果上半身揮舞得太用力而摔倒（笑）。我要更努力練習，再展現一次足以認定為四級的步法。

話說回來，最不甘心的還是四周跳……明明在中國杯跳成功了，這次的短曲與長曲卻都出現失誤。練習時的成功率一點也不低啊。我要提醒自己表演曲目時也要跳好四周跳，接下來一定要繼續努力練習。

總而言之，我的積分勉強擠進了總決賽（六人中的第六名）。因為是第一次打進總決賽，不免心想：『我要有初生之犢不畏虎的表現！』不過，我只要盡自己最大的努力就好。出賽的選手真的都是頂尖好手。我想向每一位選手偷師，也非常期待在與其他比賽截然不同的總決賽氣氛中奮戰！」

註14：Lutz Jump，簡稱Lz。華語圈或譯為「勾手跳」、「勒茲跳」。慣用逆時針旋轉的運動員跳Lutz Jump時，用左足後外刃起跳，同時用右足刀齒點冰，旋轉三百六十度後，用右足後外刃落冰，左足不接觸冰面，並向後滑行。採順時針旋轉的運動員則與上述相反。

註15：Salchow Jump，簡稱S。華語圈或譯為「後內跳」、「後內結環跳」。慣用逆時針旋轉的運動員跳Salchow Jump時，用左足後內刃起跳，右足刀齒不點冰，旋轉三百六十度後，用右足後外刃落冰，左足不接觸冰面，並向後滑行。採順時針旋轉的運動員則與上述相反。

Scene 7

大獎賽總決賽以及日本錦標賽

以二十六歲的傑瑞米・艾柏特、二十五歲的高橋大輔為首的二十世代選手，群集於加拿大魁北克舉行的二〇一一年大獎賽總決賽。十幾歲的選手只有十七歲的羽生結弦一人。同時舉行的青年組大獎賽總決賽，則有田中刑事、傑森・布朗（Jason Brown）等四位與他同齡的選手出場。事實上，他是日本男子史上首位以高中生身分出戰大獎賽總決賽的挑戰者。

「我要有初生之犢不畏虎的表現！不過，我只要盡自己最大的努力就好。」——也許他也沒有料到，自己真的一如這番宣言，在這個舞台展現精彩絕倫的「初生之犢不畏虎的表現」。他在短曲的四周跳沒有成功，以排名第四的成績迎戰長曲。這一回他跳成了四周跳、3A以及第二個3A，更以純真熱情的表演，讓所有人不禁興奮地期待，這首曲目會不會是一場完美無失誤的表演？就在最後的關鍵時刻——最後一跳的3S卻失敗了！他自己懊惱萬

大獎賽總決賽的短曲《悲愴》。六名參賽者中第一位出場。

大獎賽系列賽中國站的《悲愴》。漂亮完成開頭的四周跳。

分，但是震懾於這場耀眼表現的加拿大觀眾，無不起立為他的奮戰喝采致意。

（出自大獎賽總決賽後的訪談。）

「陳偉群選手與高橋選手、傑瑞米選手，他們都是每次必定會站上國際大賽頒獎台的選手。首先，我能和他們一起出場比賽就覺得很光榮了。因此，我在開賽前的公開練習有點被現場氣氛壓倒。『這就是大獎賽總決賽耶！』這種氣氛始終干擾著我，沒辦法專注在自己身上。我本來也想讓自己在練習時醞釀出強大的氣場啊……

短曲的時候也一樣，我在六分鐘熱身時被加拿大觀眾的歡呼聲嚇到，結果無法集中心神，四周跳也沒跳好……我很高興觀眾為自己歡呼，心情也會十分舒暢。然而，我不應該被歡呼聲打亂陣腳，必須全神貫注才是……

不過，隔天的長曲卻冷靜得連我自己也覺得不可思議。感覺自己不是在比總決賽，而是以置身大獎賽系列賽第二組的心態面對比賽。再加上短曲出現失誤的不甘心，所以長曲非成功不可！我就是憑著這股氣勢專注在自己身上，全心投入表演之中吧。

至於跳躍，幾乎完美。說完美是完美啦……但最後關頭的那一個Salchow，我最擅長的跳躍竟然失誤，自己也嚇一跳。我在滑完的那一刻呆掉了，也聽不見觀眾的歡呼聲。不過，當我回神向觀眾致意，看到許多人起立為我喝采，真的好開心。

最後一跳失敗……應該是累了吧。一開始的四周跳雖然成功，可是落冰的觸感不太好，對我來說，這個四周跳差不多七十分或八十分，因為落冰瞬間並沒有流暢地滑出去。不過，正因為這一跳不是完美的四周跳，我後來反倒能沉著應對。『好，接下來要加油！』後面的3A落冰得很漂亮，所以我這回可以趁落冰時喘一口氣。是的，落冰漂亮就能流暢地滑出去，讓身體趁機休息一下。長曲的話，我最緊張的就是這個Axel之後的跳躍。中國杯就是這樣，前半段的三個跳躍雖然跳成了，後面卻崩得一塌糊塗。所以，我全神貫注在後面的部分，總算撐到第七跳的3Lo（註16）。嗯，我算是發揮了目前所能做到的幾乎完美的表現吧。但是到了後半段的跳躍，我一點一滴流失漂亮落冰的感覺。接連跳了幾個不夠俐落的危險跳躍，使我沒辦法在落冰時喘口氣，逐漸感到疲憊。這股疲憊就在最後的最後，使我無法集中心神挽回失誤，結果Salchow失敗了……真是不甘心啊。儘管如此，我的注意力還是勉強撐到最後的Salchow，可說是解決了一個課題吧。而我又有了新的課題，就是往後任何一場比賽都要發揮出如同這次長曲一般的水準，而且一定要多堅持到最後一刻！」

「這次讓我印象最深刻的，是一起奮戰的選手們的表現。讓我感到不愧是總決賽，真是一場精彩的比賽。雖然每個人在短曲都有失誤，但是所有人都在長曲挑戰四周跳，整體來說，大家都對這場比賽很滿意。我也很開心能在水準如此高的比賽上有這般表現，我對自己

大獎賽系列賽中國站。長曲《羅密歐與茱麗葉》。

同樣是大獎賽系列賽中國站。四周跳成功了，但是後半段的跳躍崩盤，落居第四名。

的奮戰感到很驕傲。

總決賽結束，接下來就是全日本錦標賽。能在大獎賽總決賽那樣的賽事中滑了幾乎完美的長曲，並且盡最大的努力讓國際間稍微認可自己的實力——我希望這份莫大的自信，以及在這場比賽中學到的收穫，能幫助自己應用在全日本錦標賽，甚至有機會出戰世界錦標賽。」

大獎賽總決賽中，羽生結弦向世人展現了年紀輕輕「初生之犢不畏虎」的氣勢。儘管排名第四，但是與第三名的費南德茲差不到兩分，與第二名的高橋大輔也以不到四分的些微差距緊追在後。羽生結弦在此留下令人深刻的印象，離開了魁北克。

羽生結弦帶著最佳狀態迎戰年底的全日本錦標賽，短曲扼腕地以排名第四的成績拉開序幕。至於長曲的４T雖然成功，但依舊重蹈大獎賽總決賽的覆轍，最後一跳的Salchow再度失敗。

儘管如此，羽生結弦在長曲仍然排名第一，並以總分第三名的成績首次站上頒獎台，第一次取得世界錦標賽的參賽資格。

十七歲的羽生結弦，朝著二〇一一年的最大目標使出渾身解數的驚人表現，任誰都無法小覷。

「我很想站上頒獎台，也想拿到出戰世界錦標賽的門票。最可惜的是織田信成選手因傷缺席全日本錦標賽。我很擔心信成，也想知道自己如果與『日本男子三強選手』競爭，是不是還能維持目前的名次。藉著與大家同場較量，一定可以發現更多需要加強的課題……這一點無法如願，真的很遺憾。

賽後的結果，我的短曲第四、長曲第一。整體來說……我非常懊惱！因為我又犯了和大獎賽總決賽同樣的失誤，最後的Salchow失敗了。那明明是我這次最在意的重要課題，Salchow那一跳卻還是失敗，實在不甘心。這不就表示我從總決賽之後一點都沒有長進嘛！

這次失敗的原因……與其說是疲憊，不如說是期望過度吧。『我一定要跳好Salchow！』因為這種想法太強烈，用力過猛反而跳空了。感覺自己的時間在跳躍途中停頓。『啊，我只跳了一周！』就在邊跳邊想『怎麼辦……』的時候落到冰面，落冰瞬間簡直腦袋一片空白。當時我聽到場內傳來『加油！』的聲音，於是回過神來：『啊，我要加油才行！』那時候的感覺就是這樣。

除了Salchow之外，我沒有其他失誤，可是自己不太滿意的跳躍還不少，編舞步法的動作也都軟趴趴的。滑行與表現方面，離我的理想目標仍差得遠。我必須一個一個慢慢打磨的

同樣是大獎賽系列賽中國站。羽生羅密歐展現氣勢十足的表演。

大獎賽總決賽的長曲結束後，因為最後的Salchow失誤而露出懊惱的表情。

部分還是很多。

這次的短曲雖然失敗，但是我能調整心態迎戰長曲，也能憑著氣勢跳出開頭的四周跳，連續兩戰發揮了我幾乎完美的表演，這就是最實在的收穫。更何況從十一月起，俄羅斯杯、總決賽、全日本錦標賽，這三場比賽全是中間只隔一星期的賽事。我覺得自己在這三場比賽的長曲都發揮得還不錯，體力也增加不少。此外，就分數來看，技術動作分（Element Score）不但比以往高一些，跳躍與旋轉也獲得許多加分。不論是國際比賽或全日本錦標賽，我得到的評價都很高。這一點讓我很開心，也更加深信，如果我連節目內容分（Program Components Score，ＰＣＳ）都能想辦法提升，我的得分還可以有所進步。

針對世界錦標賽，我想要加強的還是ＰＣＳ（節目內容分）。我很希望自己的ＰＣＳ能提高一些，因為大家都說我的表現『還不夠好』。有時候聽到比較嚴厲的批評，難免會覺得心有不甘，但因為有這樣的意見，我才能督促自己：『非努力不可！』久而久之，也許再也不會有人認為『羽生的ＰＣＳ只有這個水準』而批評我了吧。

總而言之，如果無法在這場比賽奪牌，我就去不了世界錦標賽。而我就在如此重要的全日本錦標賽獲得第三名，真的非常開心。老實說，我到現在仍然對這個結果十分驚訝。這個賽季，我在俄羅斯杯首次站上大獎賽系列賽的頒獎台，甚至拿下冠軍，也打進了總決賽……隨著每次參賽克服許多課題，進而在全日本錦標賽也拿到獎牌！我把所有經驗一點一滴化為自己的養分，度過成果豐碩的一年。

我現在要好好休息，再準備下一場比賽。先休息一下，接著就得思考應戰世界錦標賽的具體策略……首先，我要充分休息！」

註16：Triple Loop Jump，簡稱3Lo。華語圈或譯為「後外跳」、「後外結環跳」。慣用逆時針旋轉的運動員跳Loop Jump時，起跳時向後滑行，用右足後外刃起跳，左足刀齒不點冰，旋轉三百六十度後，用右足後外刃落冰，左足不接觸冰面，並向後滑行。採順時針旋轉的運動員則與上述相反。

Scene 8

理想的花式滑冰

二〇一二年一月，新年伊始。重要目標已經達成，距離賽季最後一場重頭戲世界錦標賽還有幾個月。相隔了一段時間見到略帶輕鬆笑容的羽生結弦，我們請他盡情暢談滑冰的種種。

「我心目中的滑冰——是啊。基本上，我們是因為享受滑冰的樂趣而滑，或者想在比賽中勝出而努力訓練。不管怎麼說，滑冰運動員都是為了自己而滑，希望自己留下一些成績而努力著。可是，來看這些選手表演的觀眾卻因此深受感動……花式滑冰，就是有如此神奇的一面啊。也有陌生人對我們說：『我好感動！』『讓我打起精神來了喔。』我覺得，這就是滑冰的迷人之處吧。

當然，其他運動或許也能用同一番話來描述，但是，其他運動與花式滑冰有明顯的不同之處。觀眾除了讚賞選手以運動員的身分展現高難度跳躍及旋轉等技巧，也會為他們媲美芭蕾舞的藝術美感而喝采。

但是比賽終究是比賽，我們不可能帶著希望觀眾為自己起立喝采、希望能感動別人或鼓舞人心的心情上場滑冰，最重要的是自己想要獲勝而投入訓練、出場比賽。可是，我這樣一個無名小子，在三十公尺乘以六十公尺的冰場上滑著……觀眾卻起立為我鼓掌。能讓前來觀賞的觀眾產生歡樂或悲切等各種情緒、看到觀眾的反應如此熱烈，我們也欣喜若狂啊！

我直到最近才有這樣的想法。起因是去年四月，我受邀在神戶的慈善表演會上演出。」

「滑冰之所以如此迷人，首先要有技術做後盾。我小時候最喜歡的就是旋轉。理由很單純，我只要做貝爾曼旋轉（Biellmann spin）就會大受好評！還有砲彈旋轉（Cannonball Spin），我能把自己縮成一團來旋轉，所以總是獲得稱讚。這一點讓我很開心。

可是，我現在不太喜歡旋轉……因為做起來很累人。想要加快旋轉速度，最重要的是要用多少力氣、呼吸要憋多久。事實上，曲目中最需要運用全身力氣的動作，就是旋轉。我以前身體的柔軟度比較好，旋轉做起來也輕鬆一些，但是現在覺得旋轉最吃力。相較之下，跳躍抓準時機就能『砰』地躍起，實在輕鬆許多。

大獎賽總決賽的表演滑。表演小
賈斯汀的輕快歌曲〈Somebody
To Love〉。

（2張皆是）大獎賽總決賽的表演滑。使出擅長的「Ina Bauer」引爆加拿大觀衆的氣氛。

跳躍——本賽季的總決賽中，第三名的費南德茲選手在短曲和長曲都跳成了四周跳，他甚至在長曲挑戰了Toeloop和Salchow兩種四周跳，而且都成功了！我也受到刺激，很想在下個賽季的長曲加入兩個四周跳。因為我還沒辦法從ＰＣＳ拿到好分數，只得努力增加基礎分數。我必須從現在開始鍛鍊體力，才能應付曲目裡加進兩個四周跳，其他部分也不至於因此崩盤。

我曾想過，四周跳時代究竟會發展到什麼程度？現在有非常多像卡欽斯基選手那樣擅長四周跳的年輕選手，到了平昌冬季奧運會的時候，到底會進展為何等高水準的四周跳時代呢？除了Toeloop以外的四周跳，布蘭登・莫羅茲選手（Brandon Mroz）早已在比賽中跳出４Lz，看了真的覺得很酷。日本的話，本田武史先生以前在練習時已成功跳出４Lz，我也很希望能迎頭趕上。因為我也有身為選手的自尊，想讓大家看到『我能跳到這種地步喔』。可是比賽嘛……我又覺得目前還不需要放這麼多種四周跳。當然，如果能在曲目的第一個跳躍跳４Lz，後半段加進４Ｔ和兩個３Ａ……要是做得到，肯定能拿到非常高的分數。但是現在，真的有必要跳那麼多種跳躍嗎？如今的時代，會跳四周跳確實不足為奇，可是與其跳那麼多種類，倒不如跳Toeloop和Salchow兩種就夠了。不，四周跳只需上Toeloop就好，但是要跳得漂亮，再把滑行與曲目打磨到盡善盡美就夠了吧？畢竟這是花式滑冰，跳躍並不代表一切。

再說，跳躍也不光是跳而已，我希望能跳得夠遠，用腳尖穩穩落冰，再用外刃流暢地滑出，接續下一個步法或轉體。說得極端一點，我認為必須把跳躍當成步法或轉體的一部分才行。能做到這一點的，例如陳偉群選手吧。陳偉群的跳躍會往橫跳出非常漂亮的幅度！我若是無法像他那樣跳出每次都能加分的跳躍，不可能贏過他啊。比起跳出多種四周跳，我更在乎保持每一個跳躍的高品質——這就是我現在的想法。」

「滑行——這是我現在最想打磨的部分。我看了自己小時候的影片，發覺那時候的滑行用刃比現在還深喔。因為身體的柔軟度很好，即使個子很小，也沒什麼肌肉，滑行時的用刃還是可以很深。因為當時教我的都築章一郎教練深受俄羅斯滑冰的影響，關於用刃的深度與滑行的延展性等等全都教得很徹底。雖然那時候年紀還小，對滑行的理論一竅不通，儘管如此，我還是努力練習。不過，被教練罵的時候也會心想：『哼！討厭鬼！』（笑）。看著當時小小年紀的自己，會覺得：『真厲害啊！這傢伙！』不但滑行用刃比現在的我還深，基本技巧也非常紮實……而我現在，想要從頭到尾保持深刃滑完整首曲目，體力上會愈來愈吃力。因為一直挑戰高難度的跳躍，旋轉要拿到定級也不容易，曲目也編得沒有喘息的空間。不過，即使在表演編排複雜的曲目，我也必須提醒自己要保持小時候那樣的深刃滑行。自從看了陳偉群選手的滑行，我再次體會到這一點。

所以我要更加努力，今年編排的曲目裡，幾乎所有跳躍都是從步法起跳喔。例如從喬克塔（Choctaw，在換足時變刃的步法）跳Lutz、從外勾步（Counter，高難度轉體之一）跳Toe loop或Axel。不僅如此，跳躍之後，例如跳完Axel立刻接內勾步轉體（Rocker turn，旋轉方向與外勾步相反的轉體）。這些不是為了炫耀『竟然能從步法起跳啊』，而是想讓這一連串的動作看起來行雲流水。不過，我常常因為跳躍打斷了流暢度，或是做步法時卡到冰刃而發出難聽的聲音……可見我的滑行功力還不到家。

話雖如此，我覺得自己的『真正風格』不是憑跳躍占優勢，而是強在滑行與旋轉。例如已經能跳五種四周跳的卡欽斯基，若是想要伺機打敗像他那樣的選手，關鍵還是在滑行與旋轉。那是我從小備受肯定的優勢，甚至第一次比全日本少年錦標賽就能贏得冠軍。那時候，我是一個連三周跳都不會、只會跳2A的選手，可是我憑著滑行與旋轉的實力拿到第一名。每次想到這個，就覺得自己要更加努力才行！練好跳躍自然不用說，但如果沒有更上層樓的滑行水準，往後就沒有競爭力了。」

「因此，我要繼續精進旋轉、跳躍與滑行。最終還是希望我能呈現一首完整的曲目，而非表演被跳躍或旋轉切割成一個個不連貫的招數。我想在三分鐘、四分三十秒裡展現連貫流暢的完整作品。

曲目——我一直以來，幾乎不會主動說：『我想要滑這首曲子。』由自己提出要求的，大概只有幼稚園時期的《超人力霸王》吧。倒是有很多曲子讓我覺得：『我很喜歡！』例如強尼滑過的《Otoñal》（二〇〇四至二〇〇五年長曲）、普魯申科戴著金色手套滑的《Once Upon a Time in America》（二〇〇〇至二〇〇一年長曲），以及不少選手滑過的《Rondo Capriccioso》。其他還有許多我很喜歡的曲子，也想過拿來編成自己的曲目。

大獎賽總決賽練習途中。
觀眾向羽生索求簽名。

同樣是大獎賽總決賽。發現攝影師後，擺出勝利手勢。

不過，『我喜歡的曲子』到底適不適合我的個性呢？搞不好一點也不適合我。或者現在不適合，以後可能適合吧。評估這些的不是我，而是我的教練兼編舞者、始終以客觀角度看著我的阿部奈奈美教練。由教練決定當然最好，我也沒必要在曲目的選曲上太執著。

這個賽季使用的音樂也是奈奈美教練替我選的。尤其是長曲《羅密歐與茱麗葉》，是目前為止最能展現我個人情感的曲目。因為這是有明確故事情節的音樂，很容易詮釋。我使用的音樂是李奧納多・狄卡皮歐年輕時演的現代版《羅密歐與茱麗葉》。看著電影，可以清楚了解音樂訴說的是故事裡的哪個場景。這部現代版《羅密歐與茱麗葉》與莎士比亞所寫的故事有截然不同的意象，非常適合我，自己也覺得很棒。因此，看完電影後不久在Carnival on Ice冰演秀（十月）表演時，我就是一面回想電影情節一面滑著。與其說是帶著我的情感滑冰，更像是把電影情節與自己的滑冰融為一體，滑著的同時想像狄卡皮歐所扮演的羅密歐。後來在比賽中滑了好幾次，如今再也不是扮演狄卡皮歐或其他人，而是由自己來詮釋這個故事。我想要汲取莎士比亞的羅密歐與電影裡的羅密歐這兩種形象，呈現出只屬於自己的羅密歐。」

「鍛鍊基礎，專注滑行，將曲目打磨成完美的作品……花式滑冰還是比賽的時候最有意思啊！因為有輸有贏。輸的時候當然不好玩！既然要比賽，不贏的話根本沒有意義。

比賽前會做的事——我一定會提醒自己把旅館房間整理乾淨，也會把房間裡的每樣東西擺好角度、一一歸位，一絲不苟地整理好。因為我覺得，房間整理乾淨就會帶來好運吧。很久以前，我曾把房間整理乾淨了再上場比賽，結果成績非常好。從此以後，我在比賽前都不會忘記把旅館的房間整理乾淨。

至於正式比賽，我不會刻意保持平常心。畢竟是人嘛，難免會感受到壓力，也會覺得緊張。反過來說，不會緊張的比賽也沒意思。即使因為緊張導致身體僵硬，但最有意思的也在於自己能在這種情況下發揮多少實力。我還滿喜歡帶著緊繃僵硬的身體面對比賽。自己該如何調整心態，才能不受身體影響？到底要如何迎戰？這也算是比賽的樂趣吧。

或許是受到這種態度影響，比賽前常常有人對我說：『你太興奮了！』我也覺得似乎有一點。不過，我不是因為年輕氣盛才如此，這就是我本身的節奏。我有自己獨樹一格的節奏，帶動面對比賽時的情緒，我不希望打亂這份節奏。

提到短曲和長曲，我比較喜歡長曲。因為每次滑長曲的時候，情緒比較容易投入。短曲嘛，我從以前就不是很擅長，滑短曲的時候身體也特別累。雖說是『短』曲，但也將近三分鐘，一想到短曲的跳躍必須跳得比長曲還要完美，就覺得累。由於短曲跳躍失敗而表現得差強人意，『那就在長曲加油吧！』我這種情況可能滿多的。今年的總決賽，還有全日本錦標賽都是如此……不過，我不能老是在這一點吃虧，從今以後必須調整心態，好好解決短曲的問題才行。比起短曲，我每一場比賽都是長曲表現得比較好，就連這賽季表現得最糟糕的中國杯，長曲的四周跳也穩穩落冰了呢！

2011年12月，全日本錦標賽。穿著東北高中滑冰社為這場比賽特製的運動服。

全日本錦標賽的開幕儀式。穿著西裝顯得英姿煥發。

就算比賽不是很順利也不太會沮喪氣餒，這就是我的優點。失敗的比賽反而會讓我燃起百分之百的動力。愈是覺得不甘心，往後訓練時愈能全神貫注，心想著一定要認真訓練，在下次比賽時把上次失敗的部分討回來。

我就是這麼不服輸，這已經不是祕密了吧（笑）。像我這樣大剌剌地說『我想贏』、『不想輸』的選手很少吧？不，所有頂尖選手應該都是這樣想才是。正因為有這種心態，才能更上層樓。我只是還不像大家那樣成熟，才會坦率說出自己的心情罷了。要是不說出來，總覺得堵得很難受。

即使是我，也有怯懦的時候。意志消沉時，我會消沉到底。升上青年組第一年，在世界青年錦標賽拿到第十二名時，我的心理真的快崩盤了……上個賽季的俄羅斯杯也一樣，我被現場氣氛壓倒而表現成那個樣子，只拿到第七名。我覺得自己不光是跳躍與滑行，心理方面也得加強。不過，我也因為自己還有成長空間而感到開心。嗯，我就是還不成氣候。心想著：『我可以練得更勤快、變得更強大喔。』直到在奧運會拿下金牌為止，我一定會一直保持這種心態。」

「目前我最需要的，還是體力啊。我在休賽季時參與冰演秀，午場與晚場皆有表演，一直在與比賽相仿的緊張氣氛下滑著曲目，所以，這個賽季感覺體力有增強一些。除此之外，我平時訓練也花了不少心思在增強體力喔。

舉例來說，為了提高心肺功能，我直接戴口罩上冰滑曲目。這個啊……真的很難受（笑）。當然沒辦法滑完整首曲目，所以我選了曲目中的一小段來練習，像今年訓練強度提升許多的短曲步法到最後的旋轉，我都是戴著口罩滑的。這樣真的很難受！尤其是旋轉時超難受的。通常旋轉途中會憋住呼吸，等到轉完後不呼吸不行，卻因為戴著口罩而無法呼吸！就算滑完曲目，我也絕對不會當場癱倒在冰面上。因為我規定自己，一定要碰到防護擋板才可以拿下口罩，所以一滑完就立刻奔向擋板。

除了這些以外，配合音樂練習時，後半段的Axel如果摔了，我就會懲罰自己高速繞冰場三圈。若是不做到這種地步，我還是一樣弱啊。自從升上成人組，我已經對自己顯得如此弱小感到厭煩了，所以說什麼也要硬逼自己這麼做。

即使花這麼多心思增強體力，還是不夠。我比完一場，就已經累得快死了。累到賽程最後一天的表演滑也非常吃力，真的很累，差不多快直接倒下去……不過，跟上個賽季比起來還是好一點。這個賽季的曲目難度更高，但我不再感到筋疲力盡。大獎賽總決賽的最後雖然因為Salchow失誤而愣住，可是我依然能站著，沒有累到癱軟。體力還是很重要，想要全神貫注在跳躍上仍是需要體力。若是能增強體力使動作游刃有餘，我就能投入更多心力在表演上。」

（3張皆是）全日本錦標賽，公開練習中即卯足全力。

Scene 9

競爭對手、夥伴與仰慕的選手

「增強體力，將曲目打磨成完美的作品——我之所以這麼拚，都是因為想贏。讓我這麼想贏的原因，就是有優秀的競爭對手。

說到影響我最深的選手，與其說是競爭對手，不如說是我最仰慕、最尊敬的選手。例如葉甫根尼・普魯申科先生與強尼・威爾先生。我一直很憧憬強尼行雲流水般的滑行與柔美的表現方式，他最近替我設計了比賽服裝（六十二頁的二〇一〇至二〇一一賽季長曲服裝），我趁著冰演秀練習時，他也會幫我看看表演得好不好，甚至在推特為我加油打氣……簡直像在作夢一樣！因為我完全無法想像，一直以來如此仰慕的對象，竟然願意指導我、稱讚我。

最近的強尼，與其說是運動員，倒不如說是百分之百的藝術家。他並不是以跳躍見長的選手，也不是能用四周跳壓制對手的類型。可是，強尼有他獨樹一格的世界，他也將它發揮到極致。我當然

JAPAN

LOTTE
JAPAN

喜歡以前在比賽中奮戰的強尼，但也非常尊敬現在勇往直前邁向這種風格的強尼。

　普魯申科先生也是我從小就很喜歡的選手，要說我是亞古丁（Alexei Konstantinovich Yagudin）派還是普魯申科派，我絕對是普魯申科派。自從我和他一起參演Dream on Ice冰演秀（二〇一〇年），他就常常跟我說話。他也會趁著冰演秀的空檔給我四周跳的建議，甚至教我貝爾曼旋轉的訣竅！聽說他好像因為這樣被太太罵了（註17）……所以他最近都是趁太太不在場的時候教我（笑）。

　如今的普魯申科先生，正著手準備復出賽場。這真是天大的好消息。可是，我實在無法想像與他一起同場較量的情景。他真的是我無比尊敬的選手，對我來說實在高不可攀……最近，普魯申科先生每次遇到我就說：『你要贏過我！』還有『讓我看看你有多少實力』、『你要超越我！』哇，簡直太帥了！他還說：『下次在比賽中碰面，我們就是敵人了喔。』普魯申科先生也對我寄予厚望。既然如此，我好歹要成長為符合他期待的選手。至於能不能超越他？我不知道。不過，起碼要成長為有資格與他對戰、彼此互相激勵的選手。普魯申科先生真的是擁有自己獨特世界的人，比賽時大概也不會太在意其他選手吧。我或許很難刺激到他，可是，我不管進階到哪個層次，只要有強大的選手存在，就會令我燃起鬥志。但願我能成為普魯申科先生心目中足以『燃起鬥志』的對象，哪怕稍微接近一點也好。」

「目前交戰過的選手中，有兩位實力遠大於我，那就是高橋大輔選手與陳偉群選手。對我來說，高橋選手依然是『令人仰慕的大哥哥』。我至今仍不敢相信，這個賽季竟然能與阿大一起成為出戰大獎賽總決賽的世界前六名選手。話雖如此，我也有了一點心得，覺得今年多少可以追上一點吧。我私底下也很尊敬阿大。他在冰演秀的休息室雖然很胡鬧，可是遇到比賽就很認真。該做的時候就好好做，這就是他的強項。

至於同樣出戰總決賽的陳偉群選手……他真的很厲害。說實在的，如果可以，真不想跟他一起滑冰啊（笑）。舉個例子，我若是並肩跟他一起滑冰，我要往前滑四步才能到達的距離，陳偉群只需要兩步。他的滑行就是那麼棒，才跳得出如此有氣勢的跳躍。我在上個賽季的俄羅斯杯，第一次跟他一起比賽的時候，就目不轉睛盯著他，結果搞砸了自己的四周跳。相較之下，雖然這個賽季依然覺得陳偉群十分厲害，但也能專注在自己的表演了。

陳偉群——目前還沒有選手能贏過他。他雖然在總決賽的長曲有不少失誤，但最後還是沒有人能打敗他。看到他的得分那麼高，我都要哭了……不過，我也再次體認到，如果不能提升到那個水準，根本無法與陳偉群對戰。

說到競爭對手，最重要的是跟我同齡的選手。今年的中國杯，卡欽斯基選手在短曲奮力跳了四周跳而排名第一，長曲則是中國的宋楠選手成功挑戰四周跳而排名第一。他們兩位都是我從青年組時期便曾數度交手的選手。上個賽季最令我不甘心的，就是他們能出戰我沒辦法去的世界錦標賽……今

年的世界錦標賽，我們三人都能出場，希望下個賽季，我也能和卡欽斯基、宋楠一起迎戰大獎賽總決賽。雖說宋楠在中國杯有主場優勢，可是他在大獎賽系列賽依然能表現得這麼出色，不愧是令人仰慕的大哥哥啊。我們下了冰之後，感情可是非常好喔。雖然我們兩個的英語都很破，還是能用肢體語言大聊特聊。

接下來也有幾位同齡選手要從青年組升上成人組。我有看青年組的大獎賽總決賽，傑森・布朗選手（美國，青年組總決賽冠軍）、閻涵選手（中國，第二名）、約書亞・菲利斯選手（Joshua Farris，美國，第三名），他們升上成人組後肯定很強啊！我可不能輸給他們。我要照自己的步調緊追在前輩身後，得更加努力才行。

尤其是傑森・布朗！那位選手很厲害喔。他跟我同年，可是沒有3A照樣能拿下青年組大獎賽總決賽的冠軍，以他的滑行能力，若是開始跳Axel或四周跳，應該會變成像陳偉群那樣可怕的選手吧。他遲早會升上成人組，到時候也得跟他對戰。

還有閻涵選手，他也很強。其實我對他了解滿多的。我在少年組第一年時曾參加亞洲少年錦標賽（註18），出戰那場比賽的最年輕選手就是閻涵。我當時很擅長旋轉，閻涵的旋轉技巧也很棒。我們在公開練習時就彼此較勁，兩人當場比起旋轉。他要是做起貝爾曼旋轉，我也開始練貝爾曼，互相以眼神示意：『我絕對比你厲害！』比賽的結果，閻涵第二名，我第四名。真是不甘心啊……雖然我在那個賽季贏得全日本少年錦標賽的冠軍，但在全日本的比賽中只顧得上自己，沒有餘力把其他人當成競爭對手。因此，我生平第一個競爭對手，同時是讓我初嘗敗績而懊惱不甘的選手，就是閻涵。所以我面對他時，『絕對不輸給你！』的心情特別強烈。他剛升上青年組時並沒有參加比賽，我本來很擔心他為什麼不出來比賽？是不是放棄滑冰了？結果上個賽季突然又復活！這個賽季也是他最先拿到青年組總決賽的門票，讓我覺得自己也得打進成人組總決賽才行！總之，我很想快點和閻涵較量。

接著是跟我同年、從小一起拚到大的日本夥伴——日野龍樹選手與田中刑事選手。今年不僅有閻涵，刑事與龍樹也打進青年組總決賽，讓我想去總決賽的心情更加堅定。青年組與成人組雖然分屬不同組，不過，這還是我們三個人第一次在國際比賽中碰頭。

刑事真的是慢熱型的選手，他在賽季初期似乎很難發揮實力。明明很有實力，卻老是說『我沒自信』。他只要照自己的步調就好了，如果對自己更有信心一點，就會慢慢成為強大的選手喔。我在夏天的全日本選手集訓時，一見到他就說：『你先把上個賽季止於第二名的世界青年錦標賽冠軍拿到手！』他卻笑著說：『Yuzu，你說得倒簡單啊。』

菲（日野龍樹，註19）如果能更敢於表現、滑行也有所進步的話，肯定會變得很強啊，我一直這麼認為喔。他的旋轉很棒，跳躍能力也相當優秀，如果能再加強滑行，應該能比現在跳得更高。他是絕對有能力面對更高難度挑戰的選手。

還是很希望刑事與龍樹快點跳出四周跳、早日升上成人組。希望我們三人早一點在成人組一較高下！

話說回來，我真的很幸運呢。國內有跟我同齡的強大選手，而且從小一起奮戰至今。一路走來，我曾輸給刑事、敗給龍樹，雖然有過好幾次懊悔不甘，依然升上了成人組。少年組時期也有機會到海外比賽，得以見識海外的競爭對手。往上則有成人組，日本國內的男子選手水準相當高，我也有幸從青年組時期就有機會在成人組的比賽與他們較量。

我與同年齡的競爭對手互相砥礪，逐步成長為足以出戰成人組大獎賽的選手。親眼見識到頂尖選手後，我也開始希望自己能更加精進、更上層樓。正因為我身邊有這麼多競爭對手與仰慕的選手，我才能走到這一步。」

註17：當時普魯申科的膝蓋與背部皆有陳年舊傷。
註18：2005 Asian Novice Figure Skating Championship，於香港舉辦。
註19：日野龍樹為日俄混血，小名「菲」源自中間名「Fjodor」。

Scene 10

前進世界錦標賽，放眼奧運

行路至此——當然，這只是半途而已——首先是二〇一二年三月，所有人都嚮往的最高舞台之一，世界錦標賽。十七歲的羽生結弦，首次挑戰如此盛大的舞台。

「對世界錦標賽的期待……有很多啊。我經歷了兩個賽季，出場過成人組的大獎賽與總決賽，但每場比賽的選手人數頂多十人上下，都是少數人在競爭。可是世界錦標賽不一樣，有頂尖選手，也有沒能出戰大獎賽的選手。來自世界各地的眾多選手齊聚一堂，我從來沒交過手的布萊恩·茹貝爾（Brian Joubert）也出場了。真的很期待能與形形色色的選手較量。

我定下了初步目標，希望在這些選手中打進長曲的最後一組。我一定要成為最後一組

JSF
第80回 Japan Figure Skating Championships 2011
全日本フィギュアスケート選手権大会
DAKS
東京エレクトロン
Canon
東進ハイスクール
ニチレイ
ニチレイ
KOSÉ
KOSÉ

的六名選手之一，和最強的選手一起滑。這是我目前最大的願望。當然也希望距離頒獎台愈近愈好。我很慶幸自己能擠進世界僅有六人能出戰的大獎賽總決賽窄門，而且在這場比賽中稍微拉近與頒獎台的距離。至於難度更高的世界錦標賽，肯定更難接近頒獎台吧……總而言之，我得先努力趕上前輩。這跟我年紀只有十七歲無關喔。我和大家都是成人組的一員，希望以成人組選手的身分挑戰這場賽事。

如今我已度過了前半個賽季，也慢慢了解自己處在什麼位置、哪裡需要加強、應該做些什麼。過去的我猶如一張白紙，只顧盡量吸收成人組選手的可取之處，不過，現在多少明白自己心目中的滑冰是什麼了。

儘管這世上有許多像陳偉群、阿大那樣優秀的選手，但我心目中的滑冰，就是形成他們所沒有的、非我莫屬的風格，讓人一看就覺得：『這就是羽生結弦啊！』我想，這個賽季應該有稍微展現了一丁點『非我莫屬』的風格吧。這很難用話語形容啊……現在跟其他選手相比，我所擁有的就是年輕氣盛。一般人對我印象最深的，不外乎全力以赴、勢如破竹吧。我從小就很容易將情感投入樂曲，也很喜歡隨著音樂的情境滑冰，這是我的拿手功夫。聽日本流行音樂或西洋歌曲時，我也經常被歌詞打動，『哇！』地情緒高漲起來；就連抑揚頓挫不太強烈的古典樂，我也會感受著音樂而心情激盪，那樣的感覺非常強烈。不過青年組時期，我只顧著跳Axel，沒能好好展現自己的情感；上個賽季也不得不努力跳好四周跳和其餘跳躍，根本無暇顧及其他。直到最近，雖然我在四周跳起跳前得全神貫注，但落冰之後，接著就能帶出一點情感了。我也漸漸能將情感投入滑冰，同時想著下一個跳躍。我覺得自己多少有一點餘裕了吧。全力以赴，勢如破竹，情感豐沛——這樣的表演方式，就成了我現在的風格。

還有，我的跳躍雖說愈來愈穩定，但不是每場比賽都能完美地跳出四周跳，所以我的目標是從短曲開始便能成功跳出四周跳。滑行當然還有成長空間，希望至少能接近陳偉群選手的水準……不，是盡量展現自己所能做到的滑行技巧。再來就是增強體力與提高注意力，才能滑得盡善盡美。這是我第一次出戰世界錦標賽，我會使出渾身解數展現最精彩的表演！」

初次踏上世界錦標賽的舞台，但這僅僅是羽生結弦在其滑冰生涯中的第一步。往後的漫長路途中，他將挑戰十九歲時的二〇一四年索契冬季奧運會，以及二十三歲時的二〇一八年平昌冬季奧運會。

「索契冬季奧運會——老實說，我還無法想像。倒是常常聽聯盟的人說：『奧運會真的是十分特別、非比尋常的盛會喔。』……那肯定是比世界錦標賽更頂級的國際盛事，日本及

（3張皆是）2011年全日本錦標賽短曲排名第四，長曲排名第一，總分排名第三。與高橋大輔選手、小塚崇彥選手聯袂出戰世界錦標賽。

NATIONAL CHAMPIONSHIP

世界各地的眾多觀眾都會聚焦花式滑冰，同時能感受到許多觀眾拿著日本國旗、為代表國家奮戰的選手加油打氣的熱烈氣氛。那一定是最受矚目，也備受萬眾期待的比賽。我現在已經莫名期待那樣的壓力！畢竟我持續滑冰的原因就是很喜歡受人注目，如果有更多人為我加油，我會非常開心。有人期待我的滑冰，就是我努力訓練的動力來源。因此，能充分感受到如此龐大『期望』與『壓力』的奧運會……令我非常期待！

我最大的目標是在奧運會上拿到金牌，然後退役。這當然不是索契奧運會的目標啦。因為索契的時候我才十九歲，男子選手很難在十幾歲就拿到金牌。如果真的拿到了，恐怕是史上首次吧？我一樣會在索契奧運會上努力，但是想要拿到金牌，還是等到索契之後的奧運會再說。

不過，在奧運會來臨之前，我希望先成為世界錦標賽的冠軍。如果真的成為世界錦標賽冠軍……我希望能一直贏下去。

我之所以把普魯申科當成可敬的英雄，就是因為他能一直贏。他並不是贏了一次就心滿意足的選手。贏了一次也許是僥倖，或者奇蹟出現，唯有一直贏才有意義。我贏得世界青年錦標賽冠軍還有青年組大獎賽總決賽冠軍時，也沒有那麼開心。因為那兩場比賽都只有贏那麼一次。再說，我很清楚自己的實力還不足，也明白是因為大家都有失誤，我才能拿第一。最帥的贏法，就是在所有人都完美發揮的情況下勝出。我很想嘗嘗『真正第一』的滋味。所以，我也不會贏了一次世界錦標賽冠軍就滿足。我要繼續贏，總有一天會拿到無懈可擊的冠軍。即使拿到無懈可擊的冠軍，如果沒能在奧運會奪下金牌，我肯定也不會滿足。應該會一直認為自己『還不夠好！』吧。

勝敗當然不是那麼簡單的一件事。就算這次贏得冠軍，其他選手應該也會在下一年更進步。我贏了全日本青年錦標賽的冠軍後，第二年就有這種感受。只要有選手站在頂端，緊追在後的選手會心想：『絕對要超越他！』如果其他人對我有這種想法，而我又停滯不前的話，第二年百分之百會被超越。如果在世界錦標賽奪冠，通常第二年會鬆懈許多。不過，要是這次贏得冠軍，下回就得超越曾經奪冠的自己才行。如此一戰再戰，就是我的理想。我希望能一路奮戰到二〇一八年的奧運會。不是贏了就結束，贏了之後還要贏下一次。我會有這種想法，就是因為一直看著常勝不敗、帥氣得讓我仰慕不已的普魯申科啊。

我總是想像自己站在世界頂端的模樣。可是，我不知道自己什麼時候才能站上頂端。有可能還沒站上頂端，我的滑冰生涯就結束了。即使如此，我還是想體驗一次奧運盛會。雖然不知道自己在奧運會的龐大壓力下，會不會緊張得不知所措，但還是很想感受一下。就算我的實力始終不成氣候，就算我一直與冠軍無緣，甚至連頒獎台都遙不可及，我依然十分期待廣大觀眾看我滑冰、為我加油打氣的奧運會。想到這一點，我就忍不住興奮又期待！現在談奧運會還太早，也不知道自己能不能出場，不過，我還是熱切期盼它的到來。」

Scene 11

後記

二〇一二年三月，羽生結弦代表花滑王國日本參賽，一舉登上世界錦標賽的大舞台。對於現在的羽生結弦來說，已不再需要「受災者」、「克服震災」等修飾語了吧。不過，此次基於慈善目的出版本書，最後仍是請他訴說心中所感。

「這個賽季始於東日本大地震。那次地震讓我一度心想：『我才活了十六年啊。』地震發生當下，恐懼油然而生。建築物倒塌，讓我害怕得以為自己也要完蛋了。在那樣的恐懼中，我不禁想：『人生，真是苦短……』

可是，那次恐怖的經歷後，我現在依然能繼續滑冰。目前我所能做的，就是珍惜每一天。稀鬆平常的每一天、冰演秀的每一天、訓練的每一天、比賽的每一天，我全都要好好珍惜。從那一天起，讓我更加珍惜寶貴的每一天。

我也常想，『沒有所謂的理所當然』吧。我現在還能在這裡，我的家還能順利重建，家人還能陪在我身邊，這些都不是那麼理所當然，實在是極為偶然也極其幸運的。因為我差點失去了許多，所以產生這種想法。雖然我只是個十七歲的小毛頭，價值觀卻因此大幅改變……東日本大地震，就是這麼一回事。

不過，我已經說過很多次，我不太想把滑冰與受災畫上等號。不論參加哪一場比賽，我都不會在比賽途中想到震災一事。然而，我對許多事物的看法變得比以前更慎重，這種想法也影響到我對滑冰的態度。我覺得現在的自己愈來愈懂得珍惜每一項事物，例如每天有冰場可使用、教練及支持我的許多人都平安健在。勝利也好、失敗也罷，對於每一次的結果，我也比以前願意坦然接受。

震災發生時，我曾經迷惘：『繼續滑冰真的好嗎？』後來慢慢想通：『我能做的就是滑冰！』正因為如此，很想讓大家看看我全心全意堅持滑冰的模樣，想向所有人表達感謝之意。希望能藉此鼓舞來看我的人，讓他們產生一點繼續前行的動力。但願我的表演能讓他們心有所感。

不僅如此，我也希望贏得好成績，藉此表達心意。或許能因此讓與我同樣遭受災難的人們心想：『我是不是也能從東北奔向遙遠的世界，拚出一番成績呢？』『同樣有過痛苦經

84

歷的選手，原來是這樣努力著啊！』

以鼓舞人心的表演，努力拚出好成績——能從這兩種層面打動人們，就是我所選擇的花式滑冰這項運動的美妙之處。持續向人們展現這兩種層面，正是身為花式滑冰選手的我，目前所能做的事。」

國家圖書館出版品預行編目資料

蒼之炎 / 羽生結弦作；莊雅琇譯．-- 一版．-- 臺北市：臺灣角川，2020.07
面；　公分
譯自：蒼い炎
ISBN 978-957-743-892-8(平裝)

1. 羽生結弦 2. 傳記 3. 溜冰

783.18　　109006798

蒼之炎

原著名＊蒼い炎

作　　者＊羽生結弦
譯　　者＊莊雅琇

2020年7月20日　初版第1刷發行
2022年11月11日　初版第6刷發行

發 行 人＊岩崎剛人
總　　監＊呂慧君
總 編 輯＊蔡佩芬
主　　編＊李維莉
美術設計＊林慧玟
印　　務＊李明修（主任）、張加恩（主任）、張凱棋

台灣角川

發 行 所＊台灣角川股份有限公司
地　　址＊104台北市中山區松江路223號3樓
電　　話＊（02）2515-3000
傳　　真＊（02）2515-0033
網　　址＊www.kadokawa.com.tw
劃撥帳戶＊台灣角川股份有限公司
劃撥帳號＊19487412
法律顧問＊有澤法律事務所
製　　版＊尚騰印刷事業有限公司
I S B N＊978-957-743-892-8